房產達人 月風 著

我在房市賺一億2

預售屋 實戰操作祕笈

地產其實不難，
比起其他產業，
房地產要賺錢**太容易了**！

世界上絕對沒有
「最好的進場時機」這種事！

自從房地產多頭了十幾年後，近來開始呈現停滯，甚至下修的情形。

很多人紛紛問我：「怎麼辦？市場似乎急凍了？」

其實，市場並沒有完全急凍，凍的是那些原本就不應該被炒高的區域。

每當在媒體看到一些奇文，比如「現在就是買房最好時機」、「現在買房未來一定後悔」，以及「如果是自住，任何時機都是買點」時，都令我不由自主的覺得想笑。這些人是有時光機可以穿梭未來？看到房價走勢，然後回來告訴大家嗎？

還是單單憑著一些不夠全面且偏頗的數據，在分析未來走勢呢？

過去三十年來，每年，都不乏有人疾聲高呼：「房地產到頭啦！」

結果，房價仍然持續上漲。

倒是 1985、2000、2007、2014 幾次房價大跌前，一堆專家名嘴說：「現在就是買房大好時機！」並開始在電視上大談房地產的未來有多美好。

結果呢？到底是幫到人還是害到人？是飽了民眾的荷包？還是肥了自己的褲袋呢？

但這些，都比不上害人最深的「如果是自住，任何時機都是買點」這種言論。

要知道，房地產的購買原因，永遠只可以有「投資」一種。如果貪圖一時工作方便，又或是不願離開習慣的生活圈而衝動購屋，有一天，當你需要用到這筆投資金額時，大嘆後悔，已經來不及。

我常常舉辦小聚會，也聽到很多投資人說：「唉！當時怎麼會買在這種地方？別人的房子都漲好幾倍了，我的房子低於成本還賣不出去？」

我的老家，就是活生生的例子。從父親在民國八十幾年買下這個房子開始，直到我出社會，想用房子作為擔保，向銀行籌措創業資金，卻一毛錢都借不到時時才知道：原來十

多年來，房貸繳了多少，房價就跌了多少。

　　試問：如果有一天你要換屋，或是有其他資金用途時，房價對你來說真的不重要嗎？

　　要知道，房地產通常都是人的一生中最大筆的投資啊，怎麼可以用「如果是自住，任何時機都是買點」這樣敷衍的方式對待自己的人生呢？

　　而，當你不花心思去精選數百萬、甚至上千萬的房地產，卻花時間為了幾萬塊的工作，甚至幾千、幾百元的賣場折扣而計較時，是多麼不理智的行為啊！

　　房地產並非沒有進場時機問題，但是，絕對沒有比你買在哪？買多少錢？更重要！關鍵在於，以長時間來看，好區位的房地產，通常都能跟上通貨膨脹，替你盡到保值的作用。哪怕你買在 2008 年的谷底，要是挑錯區位，買不對價格，獲利仍是非常有限，甚至連正常轉手都有困難！

　　當房市景氣下跌時，最常看到的是拋售。

　　如果你懂得選對區域，那麼即使在景氣不好的時機時刻進場買預售屋，反而是美好的時間點。畢竟，預售屋可是兩

三年後交屋的產品啊！尤其，現在有很多的預售屋，只要選對區域，買入預售屋，不但不必擔心房價下跌，還能享受低價買進的快感。

最重要的是便宜！便宜！便宜！

價格，才是房地產一決勝負的最終依歸！

只要你懂得「挑對區域」、「耐心等待」、「在不景氣時買進折扣的好房子」這三個步驟，將會讓你以飛快的速度，晉升人生勝利組。

人的一生，大量的財富絕對不是唯一的追求。

但是，對家人的照顧，與讓家人過上好日子的承諾，是一個男人永遠不該忘記的信念。

希望我的心得分享，能幫助更多人在財務上獲得更穩健的累積。也希望，當你因為本書內容的啟開，而有一點成就時，能夠用你的力量幫助更多的人。

房地產不該是被投資客操弄的工具，但也不該被污名化，錢是黑是白、是好是壞，全憑人們怎麼使用。

願，因為你打開了這本書，讓臺灣變得更美好！

目錄

3 六大祕訣，教你挑到最讚預售屋

目錄

6 監工，要有效率

7 預售屋買賣與成屋出租

1

房地產，不會泡沫化！

會崩盤的，是假面區域！

　　很多人告訴我：「房地產很難。」

　　「房地產其實不難，比起其他產業，房地產要賺錢太容易了！」我說。

　　其實，房地產一樣有趨勢，一樣要看時機。

　　當大環境好的時候，任何時機下手，都不必太過擔心。

　　那麼，當大環境不好的時候呢？

　　在這裡要跟大家說，即使大環境不好，仍然可以買到賺錢屋！而且，就是要趁這個時候入場，只要眼光準，房地產真的一點兒也不難！

　　本章中，除了告訴大家如何看房地產趨勢及時機外，也會提到一些「重要的判斷數字」，像是：政府負債、人口紅利等，讓讀者朋友不再盲目的買或殺！

　　我常常舉辦小聚會。

　　在聚會上，任何問題都可以問。

　　當新屋、中古屋、小套房都愈來愈不好投資時，最多人問的是：「房價這麼高，還能進場嗎？」、「預售屋不能買了吧？！」

　　「在談預售屋的購買之前，必須要先探討一件事情：房地產會不會泡沫化？」我說。

　　為什麼要先了解房地產會不會泡沫化呢？如果不先了解這件事情的話，到時候預售屋買在高點上，那不就更得不償失？所以，在討論是否購買預售屋之前，一定要先清楚的知道，房地產到底會不會泡沫化。

　　首先，我們來看信義房屋與政治大學財務管理學系姜堯民教授合作，製作出新的信義房價指數。以2001年的第一季為基準，觀察臺灣這十多年來的價格趨勢。

透過趨勢圖表，可以看到臺灣的房地產從2001年開始成長，在2002年的時候碰到SARS以後有下跌，但是沒有跌太久。從2003年開始，房價就一直漲，原因在於物價一直漲，房地產當然也會跟著漲。

表1：**透過信義房價指數做出的趨勢圖**

歷年來全台都會區季指數							
季別	台北	新北	桃園	新竹	台中	高雄	台灣
2001-Q1	100.00	100.00	100.00	100.00	100.00	100.00	100.00
2001-Q2	96.56	98.35	109.20	94.76	99.27	95.32	98.58
2001-Q3	93.48	98.14	101.32	101.35	98.82	92.56	97.62
2001-Q4	94.45	96.94	108.19	97.17	93.44	97.83	96.39
2002-Q1	94.22	98.38	112.88	99.18	98.12	95.85	97.63
2002-Q2	98.82	99.78	113.79	100.82	102.09	95.71	99.99
2002-Q3	97.59	99.65	115.12	102.61	104.21	94.13	99.61
2002-Q4	97.47	101.25	112.24	99.36	102.96	92.37	100.07
2003-Q1	99.63	102.30	112.77	98.34	103.36	101.25	100.95
2003-Q2	96.26	100.57	119.88	101.59	102.33	96.28	99.13
2003-Q3	103.84	105.20	114.79	106.05	103.94	92.39	104.72
2003-Q4	105.62	108.27	117.17	106.53	110.06	101.79	107.34
2004-Q1	110.32	113.55	122.06	111.08	112.14	99.70	112.52
2004-Q2	116.11	119.42	126.49	109.67	120.43	98.04	116.63
2004-Q3	117.96	119.80	132.34	107.37	130.40	103.53	119.03
2004-Q4	121.61	126.19	130.98	108.81	126.96	103.35	121.99
季別	台北	新北	桃園	新竹	台中	高雄	台灣
2005-Q1	122.14	127.89	131.79	108.74	122.49	107.22	123.47
2005-Q2	126.58	129.44	134.09	107.27	130.22	120.20	126.39
2005-Q3	129.17	133.53	138.65	108.72	129.53	118.45	128.72
2005-Q4	133.40	136.34	138.30	111.42	137.59	111.40	132.04
2006-Q1	134.34	137.22	136.20	113.55	133.30	132.58	132.67
2006-Q2	144.77	143.92	145.91	126.30	139.81	116.07	139.09
2006-Q3	150.95	146.09	153.05	120.58	142.69	124.92	141.12
2006-Q4	153.18	151.55	143.60	121.95	146.64	115.22	147.14
2007-Q1	162.39	154.51	151.86	125.54	153.10	111.53	152.14
2007-Q2	166.45	157.72	153.24	130.58	155.12	114.41	156.39

季節	台北	新北	桃園	新竹	台中	高雄	台灣
2007-Q3	165.66	155.73	147.7	131.06	159.49	120.76	155.03
2007-Q4	164.87	156.15	149.98	126.3	156.29	115.88	152.61
2008-Q1	176.3	159.88	156.44	126.32	166.47	115.79	160.48
2008-Q2	179.91	164.12	161.21	128.61	173.03	125.56	163.75
2008-Q3	173.6	161.97	159.96	135.23	162.03	132.03	159.65
2008-Q4	163.46	154.87	155.08	133.92	153.5	119.45	151.72
季節	台北	新北	桃園	新竹	台中	高雄	台灣
2009-Q1	164.68	154.71	157.60	126.93	151.43	116.6	152.80
2009-Q2	177.92	163.60	167.92	134.36	164.51	107.28	161.83
2009-Q3	190.25	173.42	173.06	138.92	176.27	137.64	172.47
2009-Q4	201.97	181.58	176.06	143.34	183.28	128.60	178.51
2010-Q1	209.79	183.96	184.83	145.13	188.65	131.55	184.81
2010-Q2	217.66	194.83	182.24	139.80	191.10	137.25	191.07
2010-Q3	223.02	200.70	186.02	147.07	203.86	139.59	195.97
2010-Q4	236.59	210.56	192.87	149.58	199.32	150.59	206.76
2011-Q1	240.76	222.51	203.21	160.8	212.90	165.78	215.94
2011-Q2	246.12	226.37	213.26	153.86	212.42	155.67	218.72
2011-Q3	245.73	234.05	226.08	165.72	226.60	173.07	224.95
2011-Q4	251.68	235.58	233.41	163.26	226.00	168.83	226.94
2012-Q1	254.19	239.49	229.55	168.24	239.34	179.11	231.10
2012-Q2	262.70	252.20	241.89	178.26	237.24	181.00	241.27
2012-Q3	268.28	248.27	251.42	187.35	252.49	193.82	244.19
2012-Q4	269.15	255.19	269.65	179.08	264.33	194.53	248.95
季別	台北	新北	桃園	新竹	台中	高雄	台灣
2013-Q1	284.55	265.26	277.24	185.53	259.09	213.41	259.20
2013-Q2	292.94	289.82	292.23	200.70	280.63	228.67	278.51
2013-Q3	294.89	297.67	302.87	195.88	287.55	226.26	280.87
2013-Q4	304.85	296.37	308.01	199.10	288.63	231.48	286.53
2014-Q1	298.50	310.75	311.34	206.61	292.42	240.54	290.73
2014-Q2	310.20	312.28	310.59	207.51	293.24	235.24	297.78
2014-Q3	297.45	311.43	305.81	210.11	296.94	249.14	294.88
2014-Q4	294.26	306.49	310.61	208.79	294.17	245.43	292.60
2015-Q1	302.06	306.38	304.01	210.86	300.44	247.00	291.84
2015-Q2	289.60	308.01	303.30	211.69	296.95	256.89	289.30
2015-Q3	286.22	294.91	293.46	211.13	289.13	257.68	285.43

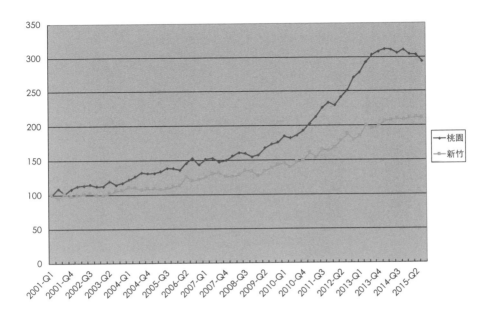

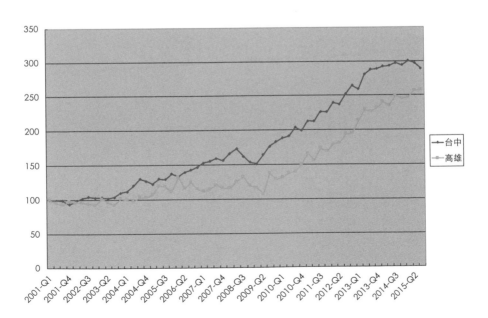

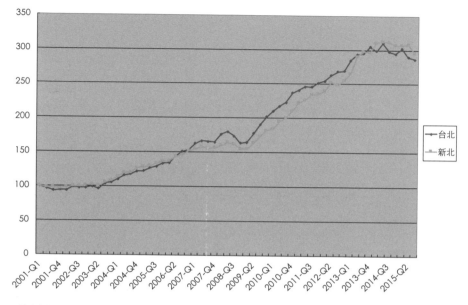

資料來源：信義房屋網站

　　2008、2009年，美國發生了次貸風暴，引發全世界的金融海嘯，臺灣股市慘跌到四千點，大家都不看好景氣的狀況，連美國都岌岌可危，甚至有人說要過10年的苦日子，這時候大家都怕、建商也怕，所以房價也往下跌。沒想到，2010、2011年時，房價開始以極快的速度成長，到了2014年的第二季來到最高點，也就是這個波段最高點了。

　　如果單純看這些**趨勢圖**，一定會想：「是不是房地產要泡沫化了？」但我可以很篤定的告訴你：「不會！」**房價會修正，但，區域好的地段不會崩盤。**

　　會崩盤的，是那些原本體質不好，硬炒上來的「假面區域」（在

後面的章節中，我會明明白白的指出哪些是假面區域。）。

很多人都把房地產當成是股市，這樣的觀念其實是錯誤的；公司做不好，股票是會變成壁紙的，但是房屋投資再怎麼樣，土地還是會在、房屋還是會在，怎麼可能瞬間沒有價值？只要沒有人賣，房價就不會跌，這跟股票是不一樣的！

為什麼房地產不會腰斬、崩盤？可以從幾個層面來討論：

- 房地產需求飽和
- 貸款斷頭，房價會腰斬
- 房地合一稅等影響

後面，我將一一說明。

🏠房市需求真飽和？

很多人會認為目前房屋很多，多到超過目前家庭總戶數，所以再來的人就不會買房地產，當然房地產就飽和啦！對於看到這樣的想法，其實有點無言。

在內政部不動產資訊平臺上，可以查到臺灣目前有842萬戶，而臺灣總共有834萬間住宅，這樣看起來似乎代表房屋需求應該是趨於飽和，但這樣的數據只代表每一戶都有房子住，卻不代表房子已經飽和。因為這個數據完全忽略了結婚與成家的需求。先假設這842萬戶當中，有100萬戶的小孩結婚了，在婚後他們沒有打算跟爸媽住，這100

17

萬對的新人是不是有房屋的需求？

當然有！如果沒有，為什麼政治人物一直要蓋合宜住宅，要讓年輕人買得起房？這代表臺灣社會就是有這樣的需求，才會有這樣的供給啊！

表2：**2015年第二季戶籍與建物數量**

時間	戶籍數（戶）	住宅數（宅）
104年第二季	8427075	8340186

資料來源：內政部不動產資訊平臺

表3：**家庭住宅狀況**

年別		自有
65年	1976	67.36
103年	2014	84.01

資料來源：行政院主計總處

從行政院主計總處的統計表，可以看到民國65年的時候，臺灣的房屋自有率是67％，36年之後增加17％，在103年的時候自有率是84.01％，也就是說每100戶的家庭當中，有84戶是有房屋的。但這也代表著，有16％的家庭是沒有自有住宅，以842萬個家庭來計算，就代表將近135萬戶是沒有自有住宅。

你說這135萬戶沒有購屋需求嗎？當然有！

事實上，房地產並沒有真正達到供需平衡，目前有很多的家庭其實都沒有房子，而且他們都想要買房子，只是他們買不起房子；然而有一些人名下有很多房子，他們沒有房貸壓力，也不急著賣房子。

這樣一來，就會形成什麼樣的現象呢？

假設A社區有4間房屋，其中阿狗有兩間、阿貓有兩間，小沈跟阿狗租房子、小林跟阿貓租房子，這時候平均起來，每一戶都住在一間房子當中，就誤導你會認為房地產呈現飽和，但其實不然。

　　你說，小沈跟小林會不會想要買一間自己的房子？

　　當然會！

　　這樣一來需求就出現了，不是嗎？

　　另外，我們還可以透過另一個數據來觀察，那就是從民國98年開始的戶數與住宅數的變化。

圖1-1：**從民國98年到民國104年第二季的戶數與住宅數的變化圖**

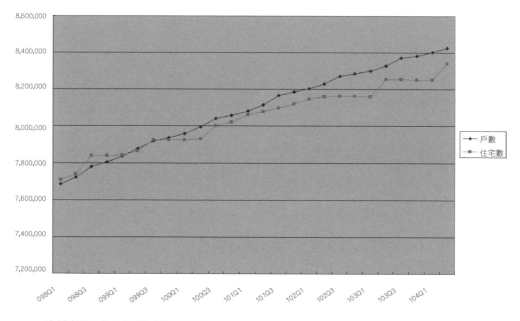

資料來源：內政部不動產資訊平臺

　　透過數據可以發現到，其實臺灣的總戶數不斷在增加，這些是什麼原因呢？這就是我們剛剛說的結婚與成家的需求。有些人結婚後，就會離開家裡自立門戶；也有些人沒有跟父母住，自己獨立成為一戶。不管是什麼原因，戶數還是會緩慢增加。透過這些數據與圖表可以發現到，臺灣的總戶數仍有增加的趨勢，臺灣仍有135萬戶沒有自有住宅，代表臺灣的房地產仍有需求空間，並不是如一般所想的「已經飽和、沒有成長的空間」。

空屋、餘屋意義大不同，先分清楚再來說！

　　有些房地產專家一直警告：「房屋跟餘屋過多，供給過多，小心房價泡沫化！」既然提到空屋跟餘屋，那我們就來談談什麼是空屋跟餘屋。

　　什麼是空屋？

　　根據內政部營建署的定義當中，空屋的意思是：「住宅存量中，可提供居住使用但卻未使用或低度使用之住宅單位。」

　　這段話的意思是，只要是沒有人住，或是被用來當倉庫的房子，就是空屋。目前空屋的統計是採用臺電的用電量作為計算標準，假設有一間房子沒有裝電錶，或者是用電量極少，這一間房子就會被認為是空屋。

　　餘屋又是什麼呢？

簡單來說，餘屋是指建商手上擁有的房子。

一般來說，餘屋的統計有兩種分類方法，第一種是已經興建完成、取得使用執照的建案，卻還沒有完全賣出。第二種餘屋的定義是：建商手上的房屋數量。不管是未興建、興建中、及已興建完成的新成屋。但我的定義是這樣：「只要是在建設公司手中完工但沒有賣出去的房子，就叫作餘屋。」

那麼，臺灣的餘屋跟空屋有多少呢？

根據內政部不動產平臺在2014年9月的資料顯示，2013年的空屋有856,924間，餘屋則有27,838間。

依照內政部的數據來看，空屋真的很多。但是這是真的嗎？

統計數據，不見得反應真實

在這邊要先說一個很重要的觀念：**統計的數據，不見得能反映真實的情況**。以臺北市來說，只要有人賣出房屋，就會有人買進，也就是說臺北市的狀況幾乎都是滿的，因為有能力的人一直往市區走，所以臺北市的空屋率很低。大部分的空屋都是來自於交通不便利的地方。以新北市來說，中和、永和、板橋市區，這邊的空屋會多嗎？不會。那淡水（非市區）、三芝、石門等地方的空屋多嗎？多到爆！但是在統計上，它們都屬於新北市，所以空屋或餘屋的計算數量都會直接列在新北市頭上，所以新北市的空屋數量就會變多。

　　如果用全國的觀點來看，就可以更清楚的看到，**很多產生空屋的地點，都不是在真正的市區當中**，如果是用平均的觀念來看房地產，根本是完全錯誤！房地產是區域性的，有時候跨一條街，房價、生活機能都會有落差，更何況是跨區域。所以那些用「平均數據」來看房地產的人，根本不懂房地產的本質。

　　不管是飽和度、空屋與餘屋的數據，其實都只是說明目前的房地產狀況，但卻沒有直接的證據可以指出房地產會大崩盤。如果以空屋率來看，都會區的空屋率大約都在10％之下，目前空屋率最高的地區，幾乎都是在非都會區，所以真正有問題的地區，絕對不是臺北、新北、高雄等都會區的市中心，而是市區以外的空屋，這說明了一件事情：**都會區的房子仍然有一定的保值性，沒有供需失衡的問題。**

　　我必須要再次強調：用全島數據來解釋房地產的供需問題是非常不可思議的愚蠢行為！

　　因為，在臺北市可能是一屋難求，但是在苗栗市，你可以看到很多的空屋。而信義區一坪要兩百萬，萬華可能一坪是30萬，但是，你能說臺北市平均一坪是115萬嗎？

　　當然不行！

　　房地產有其區域性，在同一區的房子，可能會因為交通問題而有不同的價格、不同的供需問題，在信義區也有賣不出去的房子（在墳墓邊）；在萬華區也有炙手可熱的房屋（如西門町），這怎麼能一概而論呢？所以，討論房地產時用全國的供需數據來看，是非常荒謬的事情。

🏠 房屋貸款會壓垮房價？

在談房屋貸款斷頭的問題前，我先把時間拉回2008年的金融海嘯。

當年，很多的美國人繳不起房貸，加上房價大跌，美國人想：「房子沒有那樣的價值，我幹嘛還要繳這麼多的貸款？」於是放棄繳貸款，造成美國的金融機構發生倒帳問題，造成美國的經濟崩盤，造成雷曼兄弟倒閉，花旗跟AIG要跟美國政府借錢來渡過難關。這次的經濟恐慌不只在美國引起波瀾，更在全世界造成嚴重的金融衰退。主張房地產泡沫的學者認為：目前臺灣的房地產狀況，似乎跟美國當時的狀況一樣。

真的是這樣嗎？

首先要探討一個問題是：房價會崩盤嗎？這時候先列出幾個重要的數據：

- 目前全臺灣約有835萬間住宅。

- 有貸款壓力的房屋約占28.5％（資料來源：中央銀行2014年6月理監事聯席會議決議新聞稿）

- 三戶以上貸款的人占所有貸款者比例為15％，約為35萬間，占所有房屋的4.19％。（資料來源：自由時報2014年06月27日報導）

透過這三個數據，我們來看看房價是否會崩盤？

　　首先，**目前全臺灣有貸款的房屋有28.5%，也就是說有71.5%沒有房貸壓力**，這些沒有房貸壓力的房屋大約有593萬間。如果這些人根本沒有房貸的壓力，他們有需要現在急著降價出售嗎？你去問問看這些屋主，願不願意房價下跌？當然不願意啊！之前在桃園的時候，一直想買大園附近的房子，結果去談價格的時候，每一位都很堅持要賣一定的價格，不然寧可不賣。我去了解一下後，才發現到這些屋主都沒有房屋貸款，因為沒有房貸壓力，當然就不會降價脫手！

　　再者，針對**囤房稅**，目前只影響到的房屋只有25萬間，大約只有**10萬人**。對於其他201萬的屋主，這些政策對他們根本沒有影響，那他們有需要急著降價出售嗎？願不願意房價下跌呢？當然不願意！

　　而手上有超過三戶的比例，大約占總體建物的4%，就算這些人全部都拋售好了，對房價會有多大的影響？其實影響真的不大。既然影響不大的話，那怎麼可能有所謂的房地產崩盤呢？原則上是絕對不可能發生的事情。

圖1-2：**房地產保值性高，投資者最愛。**

房地產投資保值　再獲投資青睞

政策　理財　預售　保值　房地產　永慶房屋　趨勢前瞻報告

記者黃惠聆／台北報導

由於8月份又出現全球性股災，因此，在保值投資工具上，房地產再度受到民眾青睞，根據永慶房屋趨勢前瞻報告問券最新一季調查，選擇股票、人民幣比重衰退最多，另除了房地產之外，台幣、定存、保險、黃金的避險需求明顯上升。即使民眾認為房地產「保值」，但因普遍看跌房市，大都沒有馬上買房的打算。

永慶房屋趨勢前瞻報告調查發現，在保值投資工具上，房地產再度受到民眾青睞。（好房網 News記者 陳韋帆／攝影）

本次調查時間是8/14～8/30，有效問卷數是1,133份，在95％的信心水準下，樣本抽樣誤差在正負3.0％永慶房屋集團在作此次網路調查時剛好遇至全球股市崩跌，因此，這一次民眾認為「最適宜的投資工具」，「股票」、「人民幣」以及「基金」票數下降最為明顯，分別較前一季下降6、5、4個百分點；相對地，比例上升最多為「定存」、「投資型保（保險）」以及「外幣」和房市、國內外REITs，其中房地產比重22％，仍然是所有投資工具中絕對數值最高者。

即使受訪民眾認為房地產相對保值、為目前最適投資工具但又不進場，永慶房屋集團研究發展中心經理黃舒衛說，主要是民眾對房價看跌！甚至有近7成受訪者認為未來半年都「不是」購屋好的時間，該比重自2014年Q3以來新高。

資料來源：好房網

　　再來，臺灣房價不會崩跌的原因，在於**臺灣人「有土斯有財」的觀念**，如果真的發生房價大幅下跌的狀況，充其量也就是「不賣」，等著未來漲回來的時候賣出就好，甚至有些人根本當作是祖產，完全沒有脫手的意願，這樣的話，房地產根本不會出現拋售潮。

　　永慶房屋在2015年9月出爐的調查指出，其中房地產比重22％，是所有投資工具當中最高的項目，就證明了一件事情：房地產在臺灣人心中，占有非常重要的一席之地。

　　房價不會崩盤的第三個原因，是臺灣的房價根本沒有想像中高。事實上，除了臺北、新北的都會區之外，臺灣的平均房價其實沒有漲得這麼快。

圖1-3：**臺灣消費者物價指數**

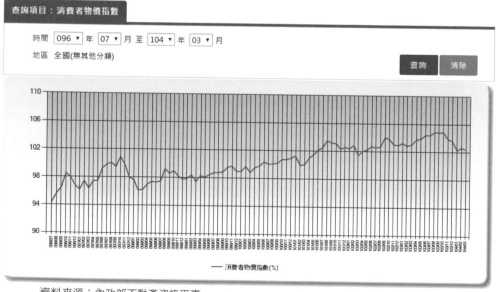

資料來源：內政部不動產資訊平臺

圖1-4：**臺灣房屋買賣契約價格平均總價**

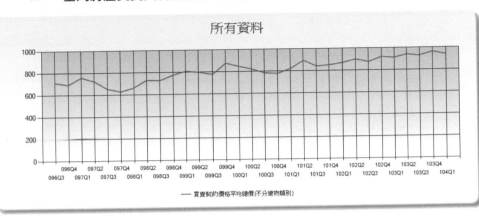

資料來源：內政部不動產資訊平臺

　　透過這兩張圖，可以很清楚的看到臺灣房屋平均總價漲幅，其實是跟著物價指數的漲幅走，根本沒有所謂的房價暴漲的狀況。那麼，出現在新聞上誇張的房價，是怎麼回事呢？

　　進一步追查，可以發現到這些高總價的房子通常都是在臺北市及新北市的菁華區。出了這些地方以後，總價低於一千萬的房屋非常多，而桃園新屋、蘆竹、觀音，新竹、苗栗、嘉義、臺南等地出了市區的房子，也都很便宜。有些地區，甚至花三、四百萬就買到一棟透天厝，可見的房價並不是如新聞所說高不可攀，而是地點問題！

　　如果在591租屋網搜尋蘆竹、新屋、觀音等地600萬以下的透天厝，大約就有50間左右。如果是以同樣條件搜尋臺南的話，約有300多間房屋符合條件。而在全臺灣，符合這種條件的透天厝有1800多間。如果搜尋591上全臺灣兩房跟三房的待售房屋，總價在600萬以下

的房屋，有將近14000多間。

可見得我們所看到的高房價，幾乎都集中在市區，臺灣大部分的地方，其實根本沒有房價不斷上漲的問題，甚至有些地方還在微幅下跌。所以，千萬不要以為全臺灣都高房價，全臺灣房價都會崩跌！根據這三個因素，幾乎可以判斷，臺灣房價幾乎不會有所謂的崩盤危機。

而且眼光看得準，就不怕利率上升！

以房地產的投資人來說，很多人最擔心的就是利率上升，房貸會繳不出來。其實，如果是一個優秀的投資者，只要眼光夠精準，能夠判斷出該地區未來的趨勢，就不會有這樣的問題。

舉一個簡單的例子：在2009年的時候，我在中壢火車站附近買入一間52坪的房子，總價是277萬，平均一坪只有5萬；結果在這三年間，桃園的房價飛漲，成為臺灣漲幅最高區域，中壢車站附近的房價也漲到一坪20萬以上，就算以每坪市場行情打八折，輕鬆以16萬售出時，獲利也有220％。

我當時投入的本金是10萬，如果從「10萬」的本金來看來看，那我到底賺多少呢？只要我用每坪16萬賣出，總價是832萬，獲利是555萬，投資報酬率是55.5倍，根本是賺翻了，誰會在乎那2％、3％，甚至5％的利息！因此，一但操作正確，房地產的獲利根本高得嚇人。請問，如果是你的話，你這時候還會擔心3％、4％的房屋貸款嗎？相信答案絕對是否定的！

相對於很多投資客害怕利率上漲，視為洪水猛獸，我常常開玩笑說，最好利率趕快漲到10％，全臺灣投資客都退場，剩我一個人玩，多好！

🏠房地合一沒那麼恐怖

很多人私底下都會問我：「房地合一稅之後，我該買房子嗎？」

大部分人都會擔心房地合一會衝擊房市，但是在我的觀點來看，房地合一稅其實沒有想像中的恐怖。

我常說：「房地合一之後再買房子吧！」

到底什麼是房地合一稅呢？其實說穿了，就是土地、房屋所得課稅。

根據目前的房地合一稅制，房地合一稅開始徵收的時候，奢侈稅就會退場。對於房地產投資人來說，房地合一是相對合理的稅制；奢侈稅是從總價課稅，不管你有沒有賺錢，房地合一稅則是有賺錢才要繳稅，這就是合理的稅制。

有時候朋友會問我，要怎麼樣才可以不繳稅？

我的想法則是，所得高時，可以透過合法管道節稅，但不代表會逃稅。我認為，有賺錢本來就要繳稅啊！不然國家怎麼推動建設。沒有稅收，國家怎麼推動交通建設？沒有稅收，國家怎麼讓政府維持運作？沒有稅收，國家怎麼照顧那些弱勢族群？所以，不要怕繳稅，只怕自己沒本事繳稅！

以下，就針對兩大重要稅收做介紹。

彌補奢侈稅虧損，有合法方式

在2011年7月1日，政府推動奢侈稅的徵收，奢侈稅的稅率是：房屋在1年之內移轉的話需要課稅房地產總額的15％，1～2年內移轉的話，課徵總額10％的稅金。

舉個例子來說，今天我買進一間850萬的房子，在一年之內，我把房子用1000萬的價格賣出，這時候扣除我的必要成本，我的獲利可能是120萬。但是奢侈稅的徵收是總價的15％，也就是說必須要繳納150萬的奢侈稅，這樣我不但沒有賺到，還要倒貼代書費用、行政費用等，完全不划算！

為了彌補這樣的虧損，有幾種作法：

● **延後交易**：等到兩年後奢侈稅過後再賣出。

● **謊報交易金額**：就是我雖然是850萬買，但是我串通代書是800萬賣出，但這是違法的交易行為。

● **拉高交易金額**：我把原來要賣的金額提高到1200萬，這樣一來奢侈稅就是180萬，我初步的獲利是350萬，扣除稅金之後是170萬，在扣除一些成本之後，差不多是140萬，這跟我原本預計獲利得部分差不多，但這樣就墊高了房價。

透過剛剛的例子可以發現，奢侈稅會讓一般財力不厚的投資客無法進場，但對於有財力的人，反而會不斷墊高房價。以臺北市為例，

從2011年實行奢侈稅到現在，房價反而在短短三年當中每年以8％成長，到了2014年漲了25％，但是成交量卻是呈現下滑的趨勢，2011年第三季（實施奢侈稅當季）之後，在臺北市的買賣筆數是之前的一半，代表房地產的交易量減少，交易金額增加，這才是真正的炒作！這才是高房價的元兇！

圖1-5：**奢侈稅之後，房地產的交易比數銳減。**

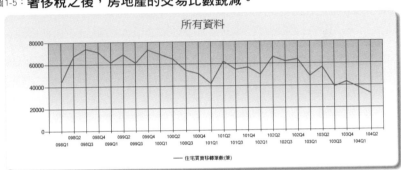

資料來源：內政部不動產資訊平臺

房地合一稅，有助平穩

房地合一稅會在2016年上路。

原本，在房屋交易的時候，需要繳交土地增值稅以及房屋交易所得稅，土地增值稅的部分是根據每年公告地價乘以稅率，而房屋交易所得稅則是以房屋評定現值乘以各地區的核定稅率來徵收，過去這部分是併入綜合所得稅來計算。但是從2016年的1月1號開始，計算的模式改變了，將土地增值稅跟房屋交易所得稅合併，依照目前房屋交易

實價來課徵稅收（附錄1），但是因為目前土增稅尚未合併完成，所以目前所得的稅基是這樣計算：

所得稅基＝（房屋＋土地實際售價）－成本－相關費用－土地漲價數額

簡單來說，就是你賣房子的獲利，扣除了原本取得的買價、扣除一些印花稅、契稅、仲介費、廣告費後，最後減去土增稅的數額（因為土增稅尚未合併完成，所以目前要扣除土增稅的額度）後，剩下的交易所得才要課稅。

舉例來說，我今天買了一間600萬的房子，在一年之內轉手賣了800萬，而我的相關費用是20萬，土地漲價數額是50萬，那麼代表我實際上真正的所得只有130萬。依照房地合一的稅率來看，一年之內轉手的話，房屋所得稅率是45％，也就是說我要繳的稅金是58.5萬元，而這部分的所得稅是不計入綜合所得稅當中，不會增加額外的綜合所得稅。

整體來說，房地合一反而會促使房地產交易更加平穩，而且有所得本來就要繳稅，如果大家都不繳稅，我們國家的建設從何而來呢？事實上，我認為房地合一稅開徵之後，對於真正的投資客反而是一大利多，因為當強盜性質的奢侈稅下架後，投資客間是依靠專業與議價能力來決一勝負；至於那些想要撈一筆的投機客，房地合一就會是他們的罩門。

有四大守護神在，安啦！

我認為，房地產價格不會大幅崩跌的原因，是因為有四個重要的守護神：政府、金融業者、房地產業者跟屋主。這四個守護神互相形成了穩固的產業結構，是房價不會大幅崩跌的主因。

🏠第一位守護神：政府

我在演講的時候，都會問聽眾一個問題：「你知道房地產交易占GDP的幾成嗎？」臺下的聽眾都會搖頭，我想大部分的人也都不知道。在2014年，營造業的生產毛額是4000億元，不動產與住宅服務的生產毛額是1.27兆元，如果再加上其他相關的產業，房地產一年創造出來的是生產毛額大約是3兆元。

那臺灣一年的生產總額（GDP）是多少呢？以2014年來說大約是15兆元。也就是說，房地產相關的生產毛額，占臺灣GDP超過2成，如果房地產這個行業被打趴了，那麼臺灣的GDP將會足足少了3兆元，你認為政府承受得起這樣的損失嗎？當然承受不起！

🏠第二位守護神：金融業者

還記得一開始時，我提到房地產不可能泡沫化，其中最重要的祕密就是：房地產是金融業的根本！

以銀行為例，銀行的業務很多，其中最重要的一塊就是存放款

業務。請問：當我們把錢存在銀行的時候，對銀行來說是資產？還是負債？對於存款者來說，存款毫無疑問是資產，既然存款是資產，那麼，對於銀行來說，這些儲蓄者的錢就是負債，所以銀行才需要支付儲蓄者利息。

金融業的真相 ── 銀行

　　臺灣的銀行存款約有6.28兆新臺幣，其中大約有2.7兆是超額儲蓄（過度儲蓄，代表對未來景氣看壞）。2.7兆的存款，銀行要支出的利息高達數百億，如果只是靠轉帳的手續費、基金的手續費，銀行是不可能賺到這筆利息的，所以，銀行就會把這筆錢借出去生利息，不管是借給企業、借給房屋貸款、借給信用貸款，或者是去投資房地產、投資其他的金融商品等，藉以創造出更高的利潤。

　　在銀行界放貸的金額當中，房地產貸款是貸款的大宗，其他才是企業貸款、信用貸款等。假設你是經營銀行的董事長，有擔保品的房貸，和無擔保品的企業貸款（或賣出去毫無價值的擔保品，如企業設備等）、以及完全沒有任何抵押品的信用貸款，你願意把錢借給誰呢？

　　如果是信用貸款，萬一借方還不起信用卡、信貸，大不了以後信用破產、銀行借不到錢，上班薪水被扣押三分之一，厲害點的乾脆要求老闆薪水給現金，根本不把銀行當回事。而企業貸款呢？從過去新聞屢屢發生的事件可以清楚知道，臺灣的企貸市場非常黑暗，大多

數的企業根本沒有償債能力，一旦發生事故（如勝華、力霸、太平洋等）的時候，偌大的企業說倒就倒，銀行根本求償無門。

那房貸呢？房貸就完全不一樣了！以借款人的心態來想，如果今天房貸不繳被銀行法拍，那還是得租房子住啊！難不成全家睡路邊嗎？如果要租房子的話，不管是搬家、繳房租，也都是一筆大開支，與其不繳房貸被法拍，那還不如乖乖繳房貸呢！而且，就算借款人真的跑了，房子不會跑啊！大不了銀行法拍，還可以拿回一些錢呢！

這就是為什麼臺灣已經出現過企貸風暴、信貸、信用卡泡沫等等，卻沒有出現過房貸泡沫的原因。想到這裡你就明白，為何臺灣大多數的金融機構，有八成以上的資產部位，都在放款給房地產抵押擔保上面了。

箇中原因只有一個字：**穩**！

如果景氣真的非常差的時候，銀行只要肯調降利率，借方還是會持續的繳款下去；再更差，銀行就放寬貸款條件，讓投資客及外資大量進場，這樣就可以維持放款的穩定，這也就是銀行的壓箱寶。

如果你真的了解以上的說明，你就會明白：斷頭潮在股市有可能，但在房市絕對不容易見到！

但為什麼銀行連房價也不能讓它下跌太多呢？身為現代臺灣人，你必須清楚知道房地產，是銀行業的根本，如果房地產腰斬，臺灣的金融業也完了。

房價崩跌，倒的是銀行！

在談房價崩跌之前，先要區分「開價」跟「真實房價」。

開價：建商所開出來的價格，通常是哄抬過的房價。

真實房價：用銀行放款的金額換算出來的房價。

假設，我今天跟銀行貸款800萬，成數是8成，那就代表真實的房價是1000萬。但在市場上，我的房子有可能喊價到1500萬，成交在1000萬，於是，我們會看到新聞上大喊房價跌7成，事實上不是房價跌，而是水退了之後，才看到真正的房價。

大跌三成的，不是真實的成交價，而是當時被哄抬過熱，不合理的開價！

那如果崩跌的是真實房價，那會發生什麼事情呢？當你知道金融業的根本是房地產，那麼請看表1-2，思考一個問題：

假設玉山金控公司的總資產1兆5664億當中有七成是房貸，就代表有1兆964億的金額在房貸上；如果房地產跌兩成的時候，那帳面損失就是2192億。玉山金的淨資產（帳面）才1076億能夠撐得住這樣的跌幅嗎？

表1-2：**玉山金2006～2014的歷年資產負債表**

玉山金（2884）			資產負債簡表（合併財報）					單位：百萬
期別	103.4Q	102	101	100	99	98	97	96
流動資產	N/A	N/A	189,345	164,041	156,705	307,655	207,882	173,282
長期投資	N/A	N/A	293,974	311,951	307,230	62,858	66,321	61,626
固定資產	21,106	19,373	16,670	15,892	14,457	14,184	13,283	12,915
其他資產	N/A	N/A	8,685	7,556	6,939	7,116	9,006	9,665
資產總額	1,566,420	1,381,075	1,244,097	1,155,491	1,084,528	942,318	829,467	772,182
流動負債	N/A	N/A	89,280	85,027	88,536	79,414	86,034	100,199
長期負債	0	0	53,300	46,500	41,500	39,000	32,800	31,100
其他負債及準備	N/A	N/A	2,406	3,320	1,972	2,669	2,888	3,588
負債總額	1,458,759	1,297,761	1,168,923	1,089,908	1,029,287	890,381	780,725	724,340
股東權益總額	107,661	83,314	75,174	65,584	55,242	51,938	48,742	47,842

資料來源：兆豐理財網

　　再來看看國泰、中信、台新（表1-3～表1-5）的歷年資產負債表中的「資產總額」及「負債總額」，還真的差不了多少！

　　我們不妨想一想，假如它們真的可能倒嗎？如果它們都倒了怎麼辦？

表1-3：**國泰金2006～2014的歷年資產負債表**

國泰金（2882）		資產負債簡表（合併財報）					單位：百萬
期別	103.4Q	102	101	100	99	98	97	96
流動資產	N/A	N/A	1,088,038	1,007,839	1,080,222	1,009,747	671,943	675,231
長期投資	N/A	N/A	2,329,564	2,067,562	1,846,057	1,590,936	1,418,149	1,343,018
固定資產	92,878	103,394	48,821	38,606	37,941	39,658	40,497	41,568
其他資產	N/A	N/A	448,874	399,321	341,848	326,813	252,672	320,121
資產總額	6,945,002	6,177,273	5,435,303	5,005,403	4,689,190	4,295,536	3,746,165	3,686,694
流動負債	N/A	N/A	154,387	156,892	168,649	120,633	191,643	179,149
長期負債	0	0	91,373	77,674	65,292	58,279	40,770	20,485
其他負債及準備	N/A	N/A	364,693	316,076	288,776	284,473	201,416	263,411
負債總額	6,506,681	5,797,762	5,186,718	4,787,691	4,466,683	4,080,113	3,600,666	3,456,804
股東權益總額	438,321	379,510	248,584	217,712	222,507	215,423	145,499	229,890

資料來源：兆豐理財網

表1-4：**中信金2006～2014的歷年資產負債表**

中信金（2891）		資產負債簡表（合併財報）					單位:百萬
期別	103.4Q	102	101	100	99	98	97	96
流動資產	N/A	N/A	379,036	355,023	314,518	328,045	427,428	413,492
長期投資	N/A	N/A	526,520	545,402	461,573	469,049	319,778	331,923
固定資產	43,379	38,348	41,375	34,172	33,221	34,142	33,494	34,105
其他資產	N/A	N/A	29,186	25,200	21,526	23,613	23,130	32,264
資產總額	3,654,680	2,424,720	2,109,924	2,019,888	1,814,594	1,760,715	1,725,505	1,687,754
流動負債	N/A	N/A	181,013	209,597	226,604	212,608	230,065	229,113
長期負債	0	0	71,415	62,846	66,364	103,664	124,545	124,136
其他負債及準備	N/A	N/A	45,465	37,283	49,306	6,543	4,292	10,553
負債總額	3,425,241	2,231,874	1,939,607	1,848,436	1,653,565	1,610,900	1,585,239	1,544,597
股東權益總額	229,439	192,846	170,318	171,452	161,029	149,815	140,267	143,157

資料來源：兆豐理財網

表1-5：**台新金2006～2014的歷年資產負債表**

台新金（2887）		資產負債簡表（合併財報）						單位:百萬
期別	103.4Q	102	101	100	99	98	97	96
流動資產	N/A	N/A	388,814	362,018	363,122	424,278	455,741	499,375
長期投資	N/A	N/A	456,224	449,604	439,338	336,277	287,918	253,562
固定資產	17,959	41,531	41,596	41,204	41,963	42,852	44,032	44,907
其他資產	N/A	N/A	46,814	45,881	47,010	65,141	72,363	74,055
資產總額	1,382,953	2,870,987	2,720,747	2,621,978	2,469,132	2,374,790	2,352,419	2,338,947
流動負債	N/A	N/A	278,073	294,808	268,645	273,764	340,368	381,773
長期負債	0	0	97,452	97,374	91,416	89,173	113,076	111,323
其他負債及準備	N/A	N/A	25,125	24,853	24,020	12,522	19,436	18,414
負債總額	1,268,769	2,672,997	2,540,754	2,441,635	2,302,690	2,218,485	2,205,227	2,181,397
股東權益總額	114,184	197,989	179,993	180,343	166,442	156,306	147,192	157,550

資料來源：兆豐理財網

　　如果真實房價跌兩成，就代表銀行的資產消失了數千億的資產，對於銀行而言，根本承受不起，這時候倒的是銀行，絕對不是投資客！這時候應該緊張的人，絕對不是投資客，而是銀行！所以銀行一定會施壓政府，不會讓真實房價跌兩成以上。

　　根據央行最近的決策也可以發現，政府在鬆綁房地產政策。首先，央行放寬貸款成數，讓想要購買房地產的人可以用較低的頭期款買房子，再來是央行降低升息力道，甚至開始降息，這些都是金融業為了預防房價崩盤的手段。

　　所以，房價崩跌，倒的是銀行！

金融業的真相 —— 保險

除了銀行之外，保險業也是房地產持有大戶。

大部分的保險業者，將保戶所繳的保費收集起來之後，扣除掉該有的準備金，其他的需要投入到資本市場當中，除了金融商品之外，最能保值的投資標的物，就是房地產了。而且在交易的過程當中，房地產的價值可以不斷增加。

在某一次演講的時候，我又問了臺下的聽眾：「保險公司遇到淨值下降的時候，通常會採取什麼樣的措施呢？」跟之前一樣，臺下的觀眾都搖搖頭。我說：「覺得會賣土地的請舉手？」全部都舉手了。我笑著說：「錯了！答案是買土地。難怪你們沒有開保險公司。」

在說明這概念之前，還是要有一個觀念：保戶的保費對於保險公司來說，是負債。如果買了房地產以後，這些負債就會變成資產。

這些資產價格是怎麼計算來的呢？當然是用一般人看不懂的公式，再加上平均成交價格！

舉例來說，A人壽手上有一塊土地，成本一百億；B人壽手上也有一塊土地，成本一百億。

於是A人壽用五百億跟B人壽買下B人壽手上成本一百億的土地。而B人壽，也用五百億跟A人壽買下A人壽手上成本一百億的土地。

透過這樣的模式，保險業者取得了大量的房地產，也逐步墊高了房地產的價格。

所以，只要臺灣人還是愛買保險，房價就不可能崩盤！

這樣交易的結果，就是兩方「誰也沒出到錢」最後資產都憑白增加了400億。這也是為什麼在歲末年終時，我們總是可以看到保險公司又用「天價」成交了某地方的**土地，通常還是其他人壽保險公司的土地。**

讀者可以想想，全臺灣最大的地主是誰？是人壽保險業！像是：國泰人壽、南山人壽、富邦人壽，這些公司都持有許多的房地產。如果你是這些保險公司的老闆，會希望房地產跌嗎？當然不會！

🏠 第三位守護神：房地產業者

在臺灣的上市公司當中，營建業者看起來並不多，大概只有幾十家。不過事情不能只看表面，因為有很多的業者，像是：紡織、機械等傳統產業，因為本業逐漸沒落，把之前的廠房土地拿來開發，開始經營不動產的相關生意。所以，雖然營建業並不多，但是真正經營房地產的上市公司卻很多。

以我的估計，目前全臺灣有1400多家上市公司，但有將近150家公司在經營房地產相關的事業。以金革唱片來說，公司除了經營唱片外，還在2008年積極的與建商合作，開始進入房地產行業；炎洲原本是經營膠帶相關產業，但是近年來也成立房地產相關的子公司旺洲企業。

透過這兩個例子可以知道，臺灣有很多的上市公司，都積極布局房地產，既然他們都這這看好房地產，不斷成立相關子公司，那你認為他們會任由房價崩盤嗎？肯定不會！

🏠第四位守護神：八百萬戶的屋主

其實這第四位守護神，你一定不難懂。如果你今天辛辛苦苦買了房子，你會希望房價崩盤腰斬嗎？不會！如果今天房價下跌的時候你會賣嗎？不會！

如果你今天買了房子，結果明天早上一看報紙，哇！房價跌了10％，你會馬上賣房子停損嗎？當然不會！因為房子是拿來住的，又不是當股票買賣。

當屋主不賣的時候，他就覺得自己沒有損失，那麼下跌的房價對屋主感覺並不強烈，屋主會認為只要等到時機好再賣就好。如果真的是這樣，房價真的會崩盤嗎？當然不會。

這四位房價守護神，不但是各自在相關產業保護房價，而且還會交叉運作。舉例來說，如果你是銀行，你會希望屋主「落跑」嗎？不會。如果你是政府，你會希望銀行倒嗎？不會！如果你是屋主，你會希望政府或相關產業垮臺嗎？當然也不會！所以，真實房價會小幅修正，但絕對不會跌超過三成，如果還抱持著房價跌五成的美夢，那我勸你該醒醒了！

臺灣人永遠都希望別人的房子崩盤，自己又不願意半價賣，那請問哪裡來的賣方呢？

未來，如何從房地產趨勢賺錢？

　　從2014年開始，可以看到房地產的交易量與價格出現反轉，很多地區的房價已經開始下降，有學者、專家不斷看衰房市，難道房地產市場進入寒冬嗎？到底房地產的未來是如何呢？

　　我可以告訴讀者，房地產還是有機會賺到錢，但必須要看得懂大環境，加上你要及時把握，否則一切都是過眼雲煙。

🏠 未來五年房地產趨勢

　　2008年金融海嘯之後，房地產的交易價格與交易量都出現萎靡的狀態，這樣的狀況持續到2009年。2010年的時候，美國為了因應金融海嘯的衝擊，採用寬鬆貨幣政策，除了降息之外，也開始大量印製美金，所以有了QE1、QE2、QE3，這樣的寬鬆貨幣政策，導致全球性的通貨膨脹，讓全球景氣看似很快復甦，實際上產業結構卻受到衝擊。

　　臺灣也是如此，因為全球熱錢的關係，臺灣前幾年的通貨膨脹也很嚴重。政府為了抑制通貨膨脹，採取了通貨緊縮，在2011年通過了奢侈稅、降低房貸貸款成數，看似打房有了績效，但事實上卻是墊高了房價，讓交易量減半，所以有錢人就把資金不斷匯出臺灣，有報導曾提到：「2011年下半年開始，臺灣每季淨流出資金便經常見到

以百億美元規模『落跑』，至今已經連續七季維持百億美元規模淨流出，從2011年的320.5億美元、2012年316.7億美元、2013年擴大到429.3億美元，到2014年已經高達571.1億美元。」在這幾年當中，臺灣淨流出的資金已經高達1676.54億美元（相當新臺幣5.02兆元）。

　　大量的資金流出臺灣，代表有錢人根本沒有心思繼續投資臺灣，不管在房地產、企業投資、產業轉型等，都因此而受到了極大的影響。在看起來像是公平正義旗幟的背後，卻是犧牲是臺灣人民的未來。所以從2014年底，全球景氣開始往下走，美國開始進入通貨緊縮的狀況，而且聯準會也不斷釋放出調升利息的訊息，這時候臺灣的經濟狀況就會更加嚴重。

　　大致上瞭解全球的大環境後，現在來談談臺灣的房市。臺灣的房市在2016、2017、2018、2019、2020這幾年當中，有較高機率會出現相對較差的情況。其實這原理很簡單，景氣是不斷循環的結果，在2010年開始，全球景氣活絡，到了2015年就開始往下走，房地產自然也是跟著這樣的景氣循環在走，如果說2010年～2015年是多頭，那麼2016～2020年就是空頭。

　　至於房價會掉多少呢？我的觀察是這樣，平均一年大概掉3％～5％，在2018～2019年應該是谷底，也就是說，市區房價平均大概會掉15％～20％，而郊區大約25％～30％ 目前的狀況不會有跌幅超過30％的平均數，但這是整體的房價變化。如果就個案來說，如果有人低於30％降價求售，那可能是他有資金上的需求，或是他買得早、降

價之後還有賺，但整體上來說，不太可能出現整體跌幅超過30％的情況。如果以地區來說，基本上臺北市及高雄市抗跌的能力最好，會跌的幅度有限，能有15％的跌幅已經算高了；至於其他的地區，就要看房屋所處的位置，並不能一概而論。

　　一直以來，我都不斷告訴大家，房地產的景氣跟新聞是參考，甚至有些是假消息，對於房地產的投資，一定要自己研究、實地了解，絕對不是幻想景氣不好、幻想臺北市房價大崩盤，因為實際上根本不會發生。如果買不起臺北市的房子，就應該要往其他的地區去找，去研究其他可以買得起、未來有增殖潛力的房地產，而不是整天想用便宜的價格買到臺北市的房子。

　　那在2016～2020年之間，應該要怎樣操作房地產呢？一般來說，多頭市場可以靠運氣，空頭市場一定要靠實力。在房地產下跌的時候，你有機會找到相對抗跌、未來增值性高的標的物，但是不管是購買的時機、如何與屋主議價，都需要靠平常不斷累積經驗。除了平時的經驗之外，最重要的是你的思維與心態。在房價下跌的時候，你敢不敢在低點時買進、真正熬過這幾年的空頭。低買高賣，這是全世界都知道的致富之道，但是有多少人做到？因為當空頭來襲，你心裡的恐懼會戰勝賺錢的欲望，所以無法真正逢低買進。如果你對自己選擇的標的物有信心，你根本就不會害怕，因為房價回漲會是必然的結果。

臺灣經濟的隱憂：人口紅利下降

　　剛剛提到的是未來幾年的趨勢，而再來要談的，是更長期的狀況。當我們提到經濟成長的概念時，其中有一塊很重要的是人口結構的問題。這幾年來，有一個很重要的概念叫作「人口紅利」。這個理論是1998年的時候，由哈佛大學兩位學者提出來的概念，意思是當勞動人口（15歲～65歲的人口）逐漸上升的時候，只要國家政治情勢上沒有太大的變化，那麼國家的經濟一定會成長。

　　臺灣從民國63年開始，到民國93年之間，勞動人口是不斷增加，這三十年來，勞動人口從900萬人躍升到1700萬人，而臺灣的經濟大幅成長的時候，也就是從民國70年到民國85年之間，剛好符合這樣的趨勢。但自從2000年開始政黨輪替之後，政治情勢開始出現改變，臺灣的經濟成長逐漸趨緩；到了2011年，因為錯誤的經濟政策，導致臺灣的產業外移、資金外移，讓臺灣經濟陷入停滯狀態，無法享受勞動人口成長所帶來的經濟紅利。

表1-10：**民國63年到93年的人口結構變化**

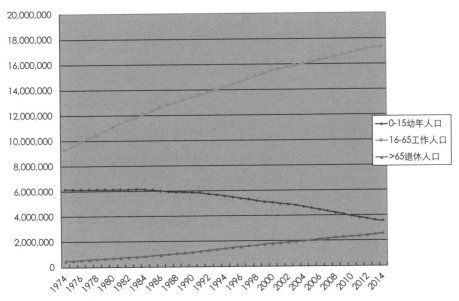

資料來源：行政院主計總處

　　就像許多人知道的一樣，臺灣老年化非常快速，所以在2010年，
經建會就模擬出未來50年的人口結構，如果生育人口是高成長，那麼
在2025年臺灣的總人口可以達到2357萬人的高峰；如果是中度成長，
那會在2022年達到2345萬人的高峰；如果人口是低度成長，那麼在
2018年的時候，就會達到人口成長的高峰，大概是2335萬人左右。

圖1-11：**未來人口預測圖**

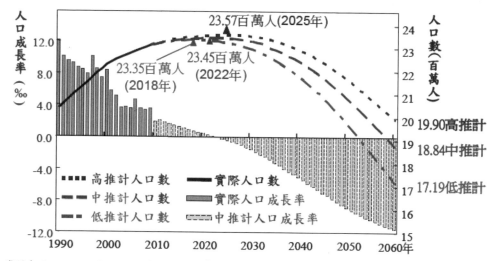

資料來源：1. 1990 年至 2009 年為內政部「中華民國人口統計年刊」。
　　　　　2. 2010 年至 2060 年為本報告。

資料來源：行政院經濟建設委員會2010 年至2060年臺灣人口推計

　　透過這樣的推估，可以清楚發現到，臺灣的人口老年化、整體
人口下降，會影響到臺灣未來的經濟狀況，如果沒有作出相對應的政
策，那麼現在經濟蕭條的日本，就會是臺灣的未來。

　　就人口紅利的理論來看，在經建會2010年的模擬當中，如果是中
度成長的話，臺灣的勞動人口會在2017年達到高峰，然後反轉下降，
到了2025年，勞動人口只剩下69％，之後就會像溜滑梯一樣不斷下
降，這時候才是臺灣經濟嚴峻的考驗。

　　但未來的事情也很難說，實施一胎化的中國為了避免人口紅利下
降，也開始開放人口政策了，當情勢惡化，政府勢必要拿出了什麼刺
激方案來，那就到時再來看啦！

圖1-12：**人口結構模擬趨勢圖**

說明：圓圈內百分比數字代表三階段年齡人口結構百分比。

資料來源：1. 1990 年至 2009 年為內政部「中華民國人口統計年刊」。

2. 2010 年至 2060 年為本報告。

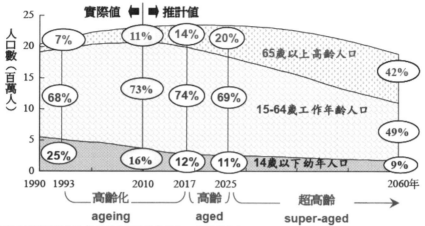

圖 13　三階段人口年齡結構變動趨勢－中推計

資料來源：行政院經濟建設委員會2010 年至2060年臺灣人口推計

就目前臺灣的未來性而言，我認為有兩個產業是未來的明日之星。第一個是農業及食品原料（例如肉類），因為WTO開放的結果，讓臺灣從原本糧食自足率100%，下降到只有33%，但未來氣候的變化會更大，糧食的需求只會增加、不會減少，而且因應老年化人口，農業及食品原料將會是臺灣的另一個希望，但是農業及食品原料相關產業的技術門檻高、投資金額也不小，是入門的阻礙。另一個產業就是房地產，但這必須要從政府負債談起。

🏠 政府負債，不容小覷

這一、兩年來，政府的負債問題一直不斷爆出來，有一期的商周還以國債作為主題，這其實讓我看了覺得很難過、心情非常沈重。我覺得臺灣人千萬不要覺得政府債務事不關己，因為一旦最壞的情況發生，你現在努力工作的收入，根本追不上新臺幣貶值的速度。

《商業周刊》報導〈失控的臺灣債——追蹤12年，首度揭露20縣市財政黑洞〉有段內文是這麼寫的：

如果有一天你被搶了，打110卻沒警察來，失火時打119也沒消防車，路燈壞了無人修理，城鎮一到晚上就漆黑一片，道路四處坑洞，住宅破敗如廢墟，留下的居民要在自家門外加五道鎖才能防賊，你該怎麼辦？這不是電影的末日情節，而是現實。

去年7月，美國底特律市政府負債185億美元（約合新臺幣5574億元）宣布破產，福斯電視臺（Fox）製作了一部〈消失的鄰居〉，描述那些住在底特律的居民，就是生活在以上場景。底特律雖然離臺灣很遠，但它的財政狀況卻離臺灣很近。

事實上，臺灣不少縣市，財政早已惡化到和底特律一樣破產的地步，只是一直靠著中央政府救援才能存活。一旦失去中央援助，臺灣這些縣市就是底特律的翻版。而中央同樣負債累累，難保臺灣不會步上希臘國債危機的後塵。

這一段文字讓我讀得怵目驚心，事實上，我對於臺灣政府債臺高築的情況早有耳聞，但一直沒有提出我的看法，而現在剛好做一個簡

單的整理。首先我們先將問題拉回債務，從債務來看臺灣目前的經濟狀況。

請問：「如果手頭上突然出現一大筆錢可以花用，那對你來說是不是非常爽快的一件事情？」

答案當然是肯定的，有錢能花當然會讓人感覺非常爽快。而近三十年來的臺灣，或者可以說是全世界，幾乎都沉浸在美好的經濟榮景中，這一切像夢境一般的美好，卻是真實的存在。身處在其中的我們，似乎就這樣相信世界本該如此，未來也將會持續美好下去。因此，當世界經濟不再成長的時候，我們就會感覺到憤怒、挫折，甚至是沮喪，我們試圖找出經濟衰退的原因，似乎只要找到原因，經濟就可以恢復過去般成長，而世界依然如此美好。但，這並不是真實的世界。其實，經濟是否能夠持續成長？甚至該不該持續成長？這應該是我們停下腳步好好思考的問題。

🏠向未來借錢＝開採未來資源

在1960年，臺灣有約1,100萬人，全體金融機構對民間的放款總額約100億元。隨著經濟的進展，金融活動也越來越活躍。有一項重要的資源開始受到關注及開發，這個資源就是「貸款」。「貸款」其實就是「向未來借錢」。

1972年金融機構對民間的放款總額達到1,100億元，當時的人口為1,500萬。

1982年，也就是短短十年，放款總額達到10,700億元，當時的人口為1,800萬。

1995年，放款總額達到103,000億元，當時的人口為2,100萬。

我們可以觀察到，幾乎每過一個十年，對民間的放款總額便增加10倍。

2011年，對民間的放款總額達到193,000億元，總放款金額達到241,000億元，人口是2300萬。

向未來借錢，就能在短時間內取得大筆資金，真是非常好用的作法。某種程度上，這也是在開採一種資源，開採一種叫作「未來」的資源。向未來借到的錢，能夠推動多少經濟運轉呢？這裡頭有個關鍵的因素，就是這堆貨幣流通的速度。

例如小李貸款買下一棟房子，建設公司又將款項付給水電工老賴，接著老賴向蔡董買了輛新的貨車小發財，幾天後蔡董帶小三上摩鐵，所以這筆錢的一部分又轉到摩鐵的老闆手中。貨幣流通的速度越快，就能創造更多的經濟活動。

存款的回轉次數就是評估貨幣流通的一種參考。在經濟活絡的年代，大家花錢的速度快，存款回轉次數一年還能達到130次。可以想見，一年如果有5,000億元的貸款發生，就可能帶動大量的經濟活動。再說，攢了十年存到的一百萬，和一個禮拜內拿到的一百萬，那一筆錢的流動速度會比較快呢？

向未來借到大筆資金，這絕對是會讓人上癮的作法，從開採未來

的三年、五年，甚至是二十、三十年的資源，也讓取得的資金越來越多。簡單的遊戲規則，卻幾乎是神奇的點石成金，彷彿是憑空變出的鈔票讓人人都可以運用大筆資金，買房、買車、做生意，經濟情勢一片大好。

這麼爽的事情，會讓人上癮，更會讓更多的人起而效尤。人人有錢花，生活越來越好，經濟也越來越火熱，人家期待經濟不斷成長，渴望擁有更多的錢。但卻不知道，這樣的快樂是奠基在未來的痛苦上。

但是，經濟有可能持續不斷的成長嗎？

回答這個問題時，需要探究一個根本的要件，「究竟是什麼支撐著經濟成長？」放眼望去，滿街盡是琳瑯滿目的商品，無所不在的廣告。人們所追求的不再只是溫飽這樣的基本需求，而開始想要更多、更好、更新、更貴、更奢華。這時候，支撐經濟體運轉的叫作「欲望」。

一個人，兩隻腳，其實只需要一雙鞋。但是被巧妙誘發的欲望，讓人想要擁有五雙鞋、八雙鞋、甚至更多更多，滿滿衣櫃的衣服、打造精美的首飾、買三千送三百的口號，簡單來說，欲望正是推動經濟運轉的重要薪柴。創造更多的欲望可以大肆享受，又能推動經濟，這不是兩全其美嗎？

可惜，世界不會這樣如我們所願的運轉下去。

當越來越多的人口享受越來越好甚至揮霍的生活，就代表需要消

耗越來越多的能源與資源。為了取得地球上有限的資源，也就必須付出越來越高的代價。臺灣這樣小小的經濟體，對整個世界的影響很有限。能夠推動整個世界經濟的大咖，當然就是美國。

近二十年來，光是房地產貸款便成長了近3兆美元。勢不可擋的龐大資金推動也撼動了全世界。輕易取得的資金，又會追逐更多高度槓桿的投資（或投機）。

這是場全世界共同參與的瘋狂盛會。原料、物料不再只是物品，而是可以賭博下注，可以炒作的標的。

此後，萬物飆漲價格一飛衝天。

以原油價格來看，短短數十年間 價格已經上漲了超過一百倍之多，月風出生的1985年～2000年時，原油價格還曾經回落到近10元的水準，但十多年的時間 已經升破百元大關，幾乎每年以100%單利的速度成長，取得能源與資源的代價越來越高，物價自然會迅速上揚。在公司而言，營運的成本提高，利潤空間受到壓縮；在個人而言，薪水成長的幅度，肯定追不上物價成長的速度。這時候面臨的局面就是：「欲望依舊在，口袋卻沒錢！」

結果我們突然發現到，仰賴燃燒欲望來驅動的經濟，竟然開始停滯了！公司大筆的投資回不了本，人們的薪水不再成長，甚至失去工作沒有收入，但是貸款所衍生出的大筆利息，依舊是追著人跑。於是還不出錢的公司接連倒閉；還不出錢的人開始跑路。

這就像是經過一場狂歡之後，宿醉的頭痛猛烈襲來。消費性貸款

在2007年達到最高峰。隨之而來的幻滅，導致了許多的卡奴、債奴。本來的滿手鈔票，成了一場夢魘。一場全球性的經濟盛會，誘發出無盡的欲望，讓市場火熱滾滾，但也招引出了始料未及的巨獸。

支撐經濟膨脹的泡泡接二連三的破滅，如海嘯般的金融風暴席捲全球，破產的人不計其數，連破產的國家都已經不是新鮮事。小至個人靠著借貸取得大筆資金，嘗到了甜頭，人至國家當然也不會錯過。

「二十多年來，臺灣中央政府債務未償餘額暴增為57倍，於2012年跨越五兆元大關。」

這是多麼可怕的消息啊！我們像未來借的錢，花起來很暢快，還起來可就不開心囉！中央政府每年用在償還公債本金和利息的金額不斷爬升 2011年，償還公債本金和利息的金額達到3,900億元，而關係到未來的經濟發展支出僅有2,100億元。就像是所有的負債者一樣，政府開始還不起錢，所以只好借新債還舊債，以債養債，利息越滾越多。

近幾年來，中央政府的歲入約在16,000億元左右，但在2016年的總歲出就高達19,000億元，這就好像收入固定的上班族，明明薪水沒有增加，要繳交的錢卻越來越多。

在菁英政府的領導之下，中華民國政府就好像被減薪的上班族，收入越來越少，原本一年可以徵收千億元的證交稅，是政府收入的大宗，結果菁英政府打著公平正義的口號，執意強行推動證所稅，結果讓政府的收入一年短少超過300億。此外，菁英政府不思考如何推動

產業轉型，反而強推增加基本工資（剝削企業經營者、嘉惠外勞），並且推動奢侈稅等惡法，不但墊高臺灣房價，還重重的打擊臺灣的投資環境，讓願意投資臺灣的企業與投資者越來越少，稅收狀況每下愈況。

借錢的時候沒考慮後果，還錢的時候就是噩夢一場。接下來這幾年，臺灣政府需要償付的公共債務高得很驚人。光是要還的本金就超過4,000億元，別忘了每年還有1,000億元的利息需要支付。賺來的16,000億當中，有5,000～6,000億得用來還債。換句話說，你我所繳的稅金，有接近1/3是用來還債。想要維持各項花費，勢必得繼續借錢。

這是飲鴆止渴，也是近年來政客拚命借錢的可怕下場。

如果就目前公開的數據來看，根據我的估計，臺灣債務數字在這兩、三年當中就要到臨界點。

什麼是臨界點？

就是政府歲入扣掉必要支出（公務員薪水、社會福利等）後，所有餘額都會被高額負債給吃光。也就是說，幾年後的中華民國，除了大量印製鈔票一路外，已經無路可走。當臺灣開始大量印鈔票的時候，臺幣的貶值幅度、物價膨脹的速度將會快得驚人。

於是我們這代種下的苦果，可能等不到下一代來償還，在我們有生之年，就必須要吞下自己所種下的惡果。這些惡果是：養出不負責任的公務員與政治人物。如果不及早準備，未來的路只怕非常不好走。

月風教室：買一間會增值的房子吧！

中國民國政府2016年的中央政府總預算已經出爐，中央政府今年歲入短收，所以必須要舉債2300億元來彌補歲入跟歲出的差距。在編列歲出的時候，利息支出是1300億元，而中央政府的總負債是5兆。

透過這樣的數據，我們可以很清楚的看到，如果中華民國政府償債能力出問題，在不可以破產的情況下，政府會採去兩種手段來彌補缺口。第一是加稅，第二是印鈔票。我認為政府會雙管齊下，來彌補中央政府的負債。如果中央政府一旦決定大量印鈔票的時候，結果將會非常嚴重，那將會加速新臺幣的貶值，造成物價不斷上漲，人民的購買力將會快速下降。

你或許會認為：貶值沒什麼了不起，只要不出國就好。這樣的觀念真是大錯特錯！

就講個最簡單的例子吧。

臺灣加入WTO以後，因為美國糧食傾銷，所以造成臺灣的糧食自主率下降到30～40％，也就是說，如果臺灣所生產的糧食要供應給全臺灣的話，大概只能供應1000萬人，其他1300萬人的糧食是必須要仰賴進口。如果新臺幣一旦下跌，那麼有60％的糧食將會漲價，只要新臺幣跌1％，那麼臺灣的糧食就會漲超過1％，這樣光是每天的三餐就要上漲不少幅度。

再來，臺灣是海島國家，一不產黃金、二不產石油，所有的能源油類，以及電子科技原物料，金、銀等，都必須向外國採購，如果稍

　　微懂一點上市公司的財報就知道，臺灣雖然是代工科技王國，但是毛利卻少的可憐，只要原物料往上調漲，科技業就會面臨空前的危機，裁員、減薪、倒閉、出走，這些都是有可能發生的事情，而且會形成一連串的骨牌效應。再加上我們的能源也無法自己供應，所有自償所需的石油都必須從國外進口，一旦貶值的不是美金，而是新臺幣，那油類就等同於變相漲價。對很多處在月光狀態的人來說，如果油類再漲個10%、食物漲個10%，薪水少個10%，你能夠說事不關己嗎？

　　從2007到2009年，全世界經歷美國次級房貸風暴引發的全球金融危機，到了2009年中，景氣好不容易有復甦跡象，誰料在2010年上半年，希臘爆發債務問題，之後愛爾蘭、葡萄牙、義大利、西班牙陸續因為債務危機而向歐盟求援，引起全球股市多次重挫。

　　而希臘爆發債務危機以來，已經過了三年，問題還是深重無解。這時候來講臺灣很可能是下一個希臘，絕對不是危言聳聽。

　　除了印鈔票之外，政府可實行的策略還有加稅。

　　加稅會影響到誰呢？有一次我看電視的時候，剛好看到財政部長在解釋臺灣的稅收，他強調臺灣百分之八十以上的稅收，是由百分之九的人在繳納的。也就是說，如果加稅的話，影響到的人是少數。

　　大家聽出玄機了嗎？

　　臺灣目前的稅收是靠這9%的人在支撐的啊！依照臺灣目前的投資環境，光是以稅務結構來說，根本就問題百出，而這9%的納稅人，剛好是臺灣的經濟收入來源，如果將來對這9%的人加稅，那麼就是在逼

這9％的納稅人離開臺灣。這9％的人出走，對臺灣更是嚴重的打擊，遷廠、關廠、裁員、把公司帳做到海外免稅天堂逃稅，這就是有錢人面臨加稅的應對策略。

臺灣人才已經夠可憐了，真正有能力又年輕的人才，無論是科技業、醫療業、金融業，都紛紛跑到國外就業，畢竟國外收入高、福利又好，幹嘛要留在臺灣等死？而留在臺灣的菁英，是那些真正愛這塊土地的人，明明有好機會卻不願離開的人，是臺灣更要珍惜的資本。如果政府一旦走上加稅一途，就是變相把臺灣人才逼走！

為了避免這樣的情況，我真的希望所有的臺灣人能重視債務的問題。如果沒有重視，那剛剛所說的情況，真的有可能會發生。

如果要我給建議，我真的會建議讀者，快點買間房屋吧！當國家債務崩盤的時候，通貨膨脹的速度將會越來越快。還記得辛巴威曾經印製60億的鈔票吧！不要以為這是笑話！如果再不謀求自己的生路，未來慘況就清晰可見。這時候，房地產就會是最保值的投資工具。如果臺灣的經濟狀況沒有改善的話，那麼政府可能會開放外資持有臺灣的房地產，那時候臺灣的房價只會增加、不會減少，如果這種情況發生的話，擁有保值性高的房子，將會是你未來唯一的選擇。所以我真心建議，如果有辦法的話，應該要趁現在買一間增值的房子，才能夠度過未來越來越嚴重的通貨膨脹危機。

2

用最少錢，買到預售屋

預售屋優點與缺點

　　阿芳是家庭主婦，跟丈夫結婚好幾年都一直租房子，等到小孩逐漸長大，她有了買房子的打算，於是開始物色住家附近的房子，她看到了附近的一個預售屋建案，不管是交通跟地點都很符合阿芳的想法，但是對於購買預售屋，還是有一些擔心害怕，所以她問了姊妹淘的意見。有人說不要買預售屋，貴又沒保障；有些朋友則建議買預售屋，住起來比較新。這些不同的意見讓她很混亂，到底要不要買預售屋呢？

【月風解析】

　　我買賣過中古屋、新成屋、預售屋，對於這三種房屋類型都很瞭解。以中古屋來說，它的優點是價格相對低、有機會都更，如果要自住的話，一定不如新成屋，而且中古屋通常位於較舊的社區，容易有髒亂、老鼠蟲蟻出沒，環境維護上有一定的困難；若以新成屋來說，它已經完工，所以馬上可以入住，但如果想要反悔，或是買到房價高點，是無法進行停損。

　　若以預售屋來說，它的好處很多，但最大的風險是：建商落跑！其他問題都可以透過契約來解決，所以不管從投資或自住的角度，預

售屋是一好的選擇。

到底預售屋有那些好處跟壞處呢？我大概列舉一下，預售屋有九大好處、兩個缺點跟三個地雷。

九大優點：

優點 1：先選先贏。

預售屋，顧名思義就是還沒有開始蓋，這時候先進場的人，一定可以選擇自己想要的房子，如果你想要擁有好的景色，可以選擇高樓層；如果想要便宜一點的話，可以選擇低樓層。

優點 2：可按照屋主需求量身訂做。

因為預售屋還沒有開始蓋，所以如果想要自住，或是想要改變房屋格局，只要是不影響主結構或安全的狀況下，都可以跟建商進行溝通，依照屋主的需求進行改變（也就是所謂的「客變」）。

優點 3：選對產品，賣時賺一筆。

其實預售屋看的價格不是現在的房價，而是兩年後的狀況，如果遇到房市大好的情況下，或許可以很快的賣出去，轉手獲利。

優點 4：就是新！

預售屋最大的好處，就是完工之後，一定是這附近最「新」的房子，所以不管是建材、用品上，一定都是最新的，對於房價來說，通常也是最高的。至於在消防法規上，通常也會遵守最新的法令，不管

就安全性、新鮮度，絕對都是最好的。所以別小看「新」這個字，就是這個「新」才值錢！

優點5：風險有限，利潤驚人。

如果把預售屋當作是投資，它絕對是一個很棒的投資標的。我常常告訴學員，買預售屋的概念跟選擇權有點像，是先買一間房子的「權利」。

假設我今天買了一間1000萬的預售屋，頭期款談到10％，那就是100萬的頭期款，結果碰上景氣大好，有人願意用1100萬跟我買，那我就賺了100萬，如果以投資報酬率來看，拿100萬出來賺100萬，是100％的投資報酬率；如果碰上景氣不好，交屋之後可以租給別人，拿租金來繳房貸，20年之後，貸款繳完了，房子還是你的，如果真的碰到景氣大壞，最差的結果就是毀約，投資的100萬沒了，但也不需要背20年的房貸，更何況大部分的建商不會真的把100萬沒收，你可以透過談判的方法，最多可以拿回一半50萬。

如果這時候你買進的是中古屋，一旦交屋後，碰到市場行情完全與你預期相反，你什麼也做不了，只能眼睜睜看著房價下降。同樣的房產交易，賺的時候有機會賺一倍以上，虧的時候只虧50％，這不是超大的優點嗎？而且就稅金來說，預售屋的所得是納入個人所得稅，不會課房地合一稅，所以不會有稅金過重的問題。

所以我說：「預售屋是風險有限、利潤驚人的投資！」

優點6：不怕被套牢！

在優點5有提到，買預售屋其實不用擔心被套牢。為什麼？因為如果景氣大壞，你最多就是選擇解約，跟建商拿回一部分的頭期款。如果你買的是中古屋或新成屋，那麼你根本沒有選擇的機會。而且就算是遇到房價下降，其實也不需要擔心，因為景氣有跌就有漲，一次的循環大約5～10年，而預售屋的建案通常是兩、三年，只要你不是買在行情熱絡的最高點，而是在市場一片慘淡時進場，是不是最低點並不重要，就算你買了以後持續下跌，等到兩、三年後交屋時通常景氣也就回溫了，所以除非你做投資都用情緒來下決定，否則很難有套牢的問題。

優點7：可以監工，不怕建商亂搞。

很多人喜歡購買新成屋或中古屋的原因，是因為「眼見為憑」。但是眼見真的為憑嗎？不一定。因為成屋之後，你根本看不到藏在牆壁後的管線、管道、建材，只能看到裝潢後的狀況。預售屋就不一樣，當你購買預售屋之後，你就有權利到現場去監工，看建商有沒有偷工減料？在管線設置的時候，有沒有依照法規施工？甚至你可以選擇交屋之後，找專業人員來驗屋，要求建商改善房屋的狀況。

優點8：給付彈性，適合年輕人

對於年輕人來說，我非常建議購買預售屋。因為預售屋的頭期款通常是總價的10％～20％，以800萬的房子來說，只要準備80萬～160萬的頭期款，還可以依照施工時期，逐步給付頭期款，對於年輕人

來說，頭期款的壓力不大，而貸款是等到完工交屋後才付款，資金可以有更靈活的運用，也有足夠的時間籌款。相對於新成屋、中古屋只有7.5成左右的貸款額度，如果是800萬的房子，就需要準備200萬～240萬的頭期款，資金壓力非常沈重。

而且，買入中古屋，裝修費用勢必高於新成屋，這也是一筆必須計算的開支。

因此我認為，如果年輕人要買房，預售屋絕對是首選。

優點9：可以選鄰居

俗話說：「千金買房，萬金買鄰。」預售屋最大的好處就是可以挑選鄰居。假設我今天有兩、三個好朋友，我們感情非常好，想要一起當鄰居，這時候如果是挑選中古屋，基本上是不太可能，如果是新成屋的話，就要看機會，但如果是預售屋的話，那機會就非常大。

很多人在買房子的時候，其實很少考慮到鄰居的重要性，有時候你覺得房屋住起來很不錯，結果樓下住著一個怪人，喜歡在晚上唱歌、還會走音，那不是很難過嗎？所以，能夠選擇好鄰居，也是預售屋的好處。

兩個缺點、三個地雷：

缺點1：價格較高

預售屋的價格通常較附近新成屋、中古屋高，對於一味要求低價的人來說，預售屋並不是好的選擇，但如果你懂得談判議價，說不定可以談到好價格，可以買到便宜還能住新房子。

缺點2：看不到實體

這是預售屋最讓人詬病的地方，沒有看到實體屋。但正是因為你看不到實體，所以你可以有機會改變房子的隔間，變成你想要的格局。也正是因為預售屋之後才蓋，你也有機會去工地監工，看建商的施工情形。這樣看來，缺點反而是一種優點。

地雷1：建商落跑

購買預售屋最怕的，就是碰到建商蓋到一半落跑。但這樣的情況已經獲得改善，政府已經規定了五種履約保證，當建商落跑的話，預售屋的住戶可以尋相關途徑進行求償，不會因為建商落跑而讓消費者血本無歸。

地雷2：漏水

如果住戶碰到漏水的話，可以要求建商改善。不過這有一個前提，那就是要「非人為因素」，也就是說這個漏水的責任是起因於建商，而不是住戶自己擅自改建之後發生漏水，還要求建商進行改善。

地雷3：建材不符合

如果預售屋的屋主不定時監工的話，建材不符的狀況幾乎是可以避免，如果真的碰到惡質建商，可以依照消保法跟民法要求建商賠償。臺中就有一個建商因為外牆跟預售時的說法不同，將原本白色外牆換成土黃色外牆，預售屋主向消保官陳情之後，循法律途徑向建商求償。

仔細看完預售屋的優缺點之後，可以清楚的知道，預售屋的好處遠大於缺點跟地雷，而且為了保戶消費者，這兩個缺點跟三個地雷，都可以透過契約還有政府的法律來彌補。嚴格來說，預售屋的優點遠遠大於新成屋跟中古屋，如果想要有一間自己的房子，預售屋是優先考量。

預售屋行情，哪裡看？

明德經營一間小餐館，隨著餐廳盈餘的增加，也萌生了買房子的念頭，比較過中古屋、新成屋跟預售屋的優劣之後，他打算在店裡附近的建案當中挑一間，上網搜尋附近的房價之後，卻發現到有高有低，有些價差甚至高達7、8萬，如果是30坪的房子，那就差了200多萬，這讓明德很傷腦筋，深怕去看預售屋的時候，會被獅子大開口。

【月風解析】

很多人在買預售屋的時候，會擔心不知道當地行情，結果被建商坑了。我想一般投資人或自住客，一定最想要知道，如何得知對方的開價是否合理，並且能夠議價到最低。其實想要得知這附近的房價，一定要去附近瞭解，我這邊提供四個方法，可以大概知道建商的開價跟底價：

- 比較附近的建案。

- 附近成屋的價格。

- 詢問建商貸款成數。

- 銀行鑑價：去銀行問放款金額。

比較附近的建案

在同一地區的建案，價格通常差不多，如果想要瞭解目標建案開價是不是合理，可以去附近建商問問看，看看是否有落差。如果目標建案的開價是一坪35萬，而附近的建案則是30萬以下，這樣的開價明顯不合理。

附近成屋的價格

有一些預售屋的建案附近，並沒有其他的推案，這樣就無法從其他建案當中來比較開價，那這時候應該怎麼辦呢？方法很簡單，就是從附近的中古屋、新成屋價格下手。一般來說，只要透過附近新成屋、中古屋的價格加一個成數上去，就可以知道這附近預售屋的底價是多少。

在實務上，中古屋的房價加3成、新成屋的價格加1～1.5成，就會是預售屋的底價。舉例來說，如果預售建案附近的中古屋成交價都在每坪40萬，而新成屋的成交價每坪是46萬，那麼預售屋的底價通常會落在52萬上下，這時候建商如果開價60萬，就是合理的開價。

如果中古屋的成交價是每坪40萬，新成屋的價格也是每坪40萬，那就代表中古屋的價格過高，所以用新成屋的價格來計算，建商的底價會是45萬上下，開價會是50萬上下。

從這些簡單的估算，就可以大概知道建商開出得價格會是多少，而底價又是多少，心裡也會有個底。

詢問建商貸款成數

想要知道建商的底線，也可以從建商給的貸款成數來看。如果今天建商說開價的8成可以貸款，經過一番廝殺之後，殺到每坪打9折，這時候可以進一步詢問貸款成數，如果貸款成數維持不變，那就代表買的價格沒有比較貴、但也沒有比較便宜；如果可貸成數增加，代表房子的銀行鑑價是比較高的，也代表真的有比較便宜，反之就是買貴了。

在這邊我可以教讀者一個簡單的話術 ──

如果今天你到預售屋去，代銷告訴你這間房子開價1000萬，這時候你可以問對方：「如果1000萬的話，我的貸款成數是多少？」

這時候建商如果告訴你：「8成。」

這時候你可以繼續問他：「那這樣就是可以貸款800萬囉！大哥（或小姐），如果我們用900萬成交，那我是不是可以一樣用800萬來貸款？」

如果對方告訴你不行，一樣只能用8成，那麼表示代銷公司原本就是預計只能貸款720萬，告訴你8成的原因，是因為預期你會把價格殺到900萬，所以用900萬的8成來計算。如果對方說可以，那就代表房子的確有能借貸800萬的價值。

一間原本開價1000萬的房子，如果建商說銀行貸款是8成，就代表可以借到800萬，結果你把價格殺到900萬，如果還是維持原貸款8

成，就代表房子可貸金額其實只有720萬，而建商也預計是用900萬成交；如果你把價格殺到900萬，結果還是可以貸款到800萬，就代表這房子真的價值1000萬，你殺到建商的骨頭了，也就是你買便宜了；如果建商告訴你只能貸7成，就代表銀行真正願意貸款的金額是600萬，也就是說你買貴了。

銀行鑑價：詢問附近銀行放款金額

　　如果附近還有其他的新成屋，或是其他的建案的話，其實就可以到附近銀行的放款部門去詢問，如果價格是差不多的話，那就知道建商的底價在哪，開價是否合理。舉例來說，如果這附近新成屋放款都是一坪30萬，結果建商一坪開價50萬，那就是不合理。

　　相對於建商的話術來說，銀行的放款會更加精準。畢竟銀行放款部門有許多精算人員，如果這地區沒有價值話，是不會放這麼高的價格給你，畢竟你不是有權有勢有頭面的人，銀行沒有必要冒著風險違法放貸，所以透過銀行瞭解當地價格，也是一個非常好的方法。

月風教室：實價登錄真的實價嗎？

很多人認為透過實價登錄，可以知道附近的房價，但我必須要很實際告訴讀者，實價登錄有很嚴重的問題。

第一、作假嚴重：雖然實價登錄嚴禁造假，但是很多實價登錄的價格，都無法反映真實的房價。

第二、實價登錄是區段均價，並非真正實價：在實價登錄的系統上，是用區段均價來呈現地區房價，並非反映真正實價，這種實價登錄模式非常糟糕，但對於投資客來說，卻非常的有利。舉例來說，二樓跟十三樓的價格一定不同，但因為實價登錄上僅呈現均價，結果二樓的價格就可以拉到跟十三樓的價格一樣。

第三、實價登錄的時間落差：以實價登錄來說，會有兩個月的時間落差，所以實價登錄無法反映真正的房價，所以如果用實價登錄來看現在的房價，就會有時間上的誤差，沒有辦法提供精準的投資判斷。

怎樣跟代銷公司議價最划算？

　　小楊出社會7年了，好不容易存到100萬，希望能夠買到人生中的第一間房，因為是打算要自己住的，想要住新一點的房子，於是朋友建議他可以買預售屋。正好住家裡附近有一個預售屋的新建案，所以小楊在下班之後，專程去了解這個建案。

　　服務人員介紹完之後，小楊非常喜歡這個案子，於是開口詢問房子的價格。服務人員告訴他，這個案子最小坪數是30坪、一坪35萬，總價是1050萬。小楊就跟服務人員殺價，認為希望能夠一坪30萬成交，服務人員露出勉為其難的表情，告訴小楊最多只能降到一坪32萬，小楊算了一下，一坪少3萬，這樣他就省下了90萬，於是就跟對方簽約了。

　　一個月後，小楊碰到樓下的陳媽媽，兩人聊到預售屋的時候，小楊就說家裡附近的建案一坪開價35萬，可以殺價到32萬。陳媽媽居然跟他說：「什麼？32萬喔！太貴了啦！我三天前買一坪30萬耶！」小楊聽到這樣的消息，感覺到自己當了冤大頭，卻也無可奈何。

【月風解析】

　　一般人在購買預售屋的時候，最重要的關鍵就是議價；如果價格

談得漂亮，省下的就是一大筆錢。在購買預售屋的時候，客戶通常不會直接面對建設公司，而是由代銷公司負責銷售。一般來說，建商給代銷公司的底價通常落在開價的88折，如果一坪30萬的房子，底價就是26.4萬。

圖2-1是預售屋的成本。其中，代銷公司的成本不謂不大。代銷公司的形態主要分為兩種，包銷跟包櫃。包銷就是代銷公司負責所有成本，包括廣告費用、樣品屋、接待中心、人事成本等，因為成本高，所以利潤也比較高，大概可以抽到5～6％；包櫃則是代銷公司僅負責銷售服務人員的薪水，其餘一切成本都是由建商負責，所以利潤比較低，大約只有2％。

如果碰到包櫃的代銷公司，能夠給予的價格空間有限，需要多一點的優惠時，就必須要跟建商溝通。如果是包銷的代銷公司，能夠給予的價格相對較有彈性，這時候議價就有較大的空間。舉例來說，如果底價一坪為30萬，有客戶的成交價是33萬，那麼代銷公司願意給你的底價，就有可能降為27、28萬，因為對於代銷公司來說，他一坪也是賣到30萬。

再來，如果是剛開賣的時候，通常是價格最高、底價最死的時期，因為代銷公司不希望降價導致建案的價格下滑，所以這個時期能夠殺價的幅度有限；但如果建案只剩下幾戶時（就是餘屋），代銷公司會希望快點銷售完畢，這時候可以殺價的空間就比較大。

在這個案例當中，可以看到小楊在購買預售屋前，並沒有對於地

區的價格進行了解，所以並不清處對方的底價，導致自己吃虧了。至於陳媽媽為什麼可以買到更便宜的房子，除了議價能力較好之外，更重要的可能是建案所剩的房子不多，代銷公司想要快點售出，所以用低於底價賣出。

圖2-1：**預售屋成本大公開**

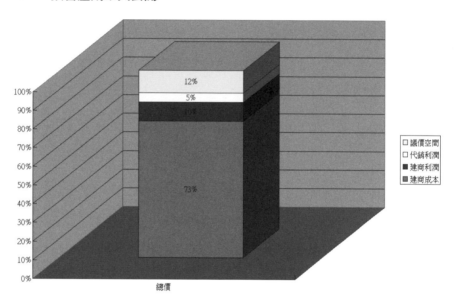

100%
90%
80%
70%
60%
50%
40%
30%
20%
10%
0%

12%
5%
10%
73%

□ 議價空間
□ 代銷利潤
■ 建商利潤
■ 建商成本

總價

繪圖：林又旻

🏠 六個方式，談到便宜預售屋

想要透過議價買到便宜的預售屋，有幾個很重要的祕訣：

一、瞭解建商底價：代銷公司底價通常是開價的88折。也就是說，如果代銷公司開價1000萬，那麼底價就是880萬。要怎麼知道代

銷公司的開價是否合理呢？這時候就必須要知道這附近的行情價，來比對代銷公司開價是否合理。

二、購買餘屋：當建案銷售得差不多時，代銷公司會想要盡快出清，把剩下的房子給賣出去，這時候出價可以稍微比底價低一點，代銷公司也有可能會點頭成交。

三、假性議價：假設這個地區附近同時有兩、三個建案，我們稱為A、B、C建案。你最喜歡A建案，但還是想要更低一點的價格，這時候可以先去A建案談定一個價格，然後到B、C建案去議價，得到更低的價格時，再回來跟A建案議價。舉例來說，我到A建案出價一坪42萬，然後到B建案時，跟B建案說A建案出價41.8萬，希望B建案能更優惠，如果B建案願意給你41.7萬時，就可以依樣畫葫蘆，跟C建案談到41.5，最後回到A建案時，就有機會談到41.3的價格。進行假性議價的時候，價格千萬不要一下子降很多，這樣代銷公司就會知道你的開價不合裡。

四、在前銷期進場：所謂的前銷期，是指建案開始建圍籬時，這時候建商還沒有找代銷公司，或者是代銷公司還沒有花廣告預算，這時候代銷公司願意把廣告費用折抵給客戶，用較便宜的價格售出。那該如何在前銷期就知道呢？你可以問代銷公司，這個建商下一個推案在哪？什麼時候會推案？這樣你心裡就會有個底，等到時間一到，你就直接跟代銷公司談，這時候他們還沒有花費廣告預算，價格自然就會比較低。

五、找建商直接談：這是很多客戶會想到的方法，但其實這不太可能。如果直接找建商比較便宜，那麼他請的代銷公司怎麼辦？誰來幫他收單？而且他的房價相對也會受到影響。理論上這個方法可行，但實務上卻不太可能。除非有一種可能，那就是你有辦法買下整個社區大部分的房子，這就另當別論。

六、買低樓層：一般來說，高樓層的視野遼闊，所以價格高，而且不容易降價；低樓層的價格相對低，殺價空間較大。如果你是投資客，千萬不要抗拒低樓層。為什麼？因為當建案完工之後，其實整棟大樓的價格是差不了太多的，通常是以高樓層的價格為主，這樣一來低樓層的房價，就會跟高樓層是差不太多的，轉手賣出的話，自然有一定的獲利。舉例來說，高樓層一坪48萬，而低樓層一坪42萬，你只要用45萬轉手，每坪就可以賺3萬，如果是一間30坪的房子，那就賺了90萬！

不要以為建商很聰明

有很多學員會問我：「我該怎樣議價才不會被建商騙？」、「我要注意哪些事情，才不會被建商騙？」、「買預售屋的時候，要怎樣簽約才不會被騙？」、「價格買在多少才算是合理，不會被建商騙？」

我想真的很多人都怕被建商騙，但其實建商真的沒有你想像中那麼聰明，只要你先做好功課，懂得掌握建商的心理，就可以跟建商談判，從中獲得你所想要的價格或者是其他家具、電器等。

【月風解析】

對於大部分的人而言，建商的形象非常精明，跟建商談判的話，很容易被吃死死，不過實際上並不是這樣的，建商在推建案的時候，其實不見得知道未來景氣如何變化。在2008年的時候，全球股市大崩盤，連郭台銘都說不知道前景如何，可能短期間難以復甦，沒想到2012、2013年的時候，房價漲得比之前高多了。

你想一想，在2008年的時候，有沒有建商淌著血賣房子？

有啊！當年的上市櫃建設公司，哪個不是咬著牙繼續推案，便宜、低價賣出自己的土地呢？如果建商這麼聰明、可以預見未來情

勢，那麼，根本不應該在2008年賣房子！如果等到2013年的時候才賣，建商不就多賺好幾億，甚至幾十億？但臺灣的絕大多數建商有嗎？沒有。甚至有很多建商是降價求售，希望能快點脫手，現金落袋為安。

以後，當你在覺得建商很精明、很狡詐的時候，想想2008活到現在的建商，他們都沒有比較厲害！

所以，真的不要把建商想得太聰明！事實上，一般投資客或自住客相對於建商來說，甚至還具有優勢。一般投資客與自住客有四大優勢：貸款成數、利率、成本、未來用途。

貸款成數

在貸款成數上，建商使用的是土地建築融資，所以只能貸款到5成5～6成，如果一塊價值30億的土地，建商最多只能貸款到18億，剩下的建築或人事成本必須要由建商自己支出。而一般投資者可以貸款的成數是7～8成，一間1000萬的房子最高可以貸款到800萬，就貸款成數上，一般投資者是具有優勢的。

利率

一般投資人的貸款利率大約是1.5%～2%，而建商的土地建築融資卻是高出一倍，大約是3.5%～4%之間。如果同樣無法轉手賣出的

狀況，以800萬的貸款來說，一般投資客最多年繳十萬塊的利息，但對於建商而言，如果貸款18億，建商一年必須要繳納的利息是6千多萬，光是利息部分就吃掉建商大部分獲利。

成本

就一般投資人來說，買預售屋最大的成本與風險，不過就是頭期款不繳，讓建商取得部分簽約金。但對於建商來說，公司需要代銷公司、建築成本、管銷成本、人事支出等，這些都是每個月都要支出的費用，建商多拖一天，就多一天的損失。

未來用途

假設，很不幸的碰到景氣循環，結果房地產大跌。對於一般投資人來說，就是把房子租出去，或者是自己住繳納貸款，其實沒有太大的損失。對於建商而言，只要房屋完工之後，每一天都在折舊、每天都是損失，建商總不可能把房子出租後再賣人，所以建商一定要把手上的存貨出清；但對於一般投資人而言，他可以轉租給其他人，等到景氣好的時候再賣出獲利，如果一個月租2萬，一年就是24萬，都可以付利息跟部分本金，等到景氣復甦，就算用原價賣掉也還有賺。

月風教室：你有機會拿到更好優惠

看房子之前一定要先做好功課，瞭解這地區的狀況，然後多跑幾個建案，不需要一次就決定。

有時候買房子就像買股票一樣，沒有買股票之前，一定都會覺得沒事，一旦買進股票之後，都在擔心股價是否下跌、股票是否貶值。同樣的，建商也會有這種心態，目前房子、土地的持有者是建商，如果萬一景氣不好，那他一直要付出土地成本等，也是一大筆開銷，因此建商就會賤價求售。

希望讀者朋友們有一個觀念：這世界就是有一半的人看多、一半的人看空，所以才有成交的機會。如果所有的人都看多，都認為這地方會漲，那麼會有人要賣房子嗎？絕對不會。他會等到能賺更多的時候才賣！所以面對建商，真的可以不用這麼害怕，對方只是商人，不是劊子手。只要懂得談判，其實都有機會買到更便宜的房子或拿到更好的優惠。

紅單，連碰都不該去碰！

記得2013年年底小聚會的時候，有社友私下來詢問我關於紅單的事情。

「你是不是買了紅單？」我反問。

社友點頭說，因為一時衝動，跟投資客加價150萬，買了投資客手上的紅單，而且地點是在桃園平鎮。

「月風，你說，這個紅單該怎麼處理比較好？」

「想辦法停損囉！唉！這年頭買在桃園，除非你位置很好，不然根本不可能賺錢。你連跟建商買都不見得會賺錢了，更何況是加價跟投資客買？」我無奈的說。

後來發現，被套牢的人還真不少，我也只能安慰對方：「當作繳學費吧！」

雖然，這筆學費，真的很貴！

🏠【月風解析】

什麼是紅單呢？其實就是購屋預約證明單，因為買方的收執連是紅色的，所以常被稱為「紅單」。有些買方再還沒有正式簽約之前，但對於預售建案有興趣，所以通常會給付建商一定的訂金，取得購屋

的權利。通常訂金會是總價的1％～3％之間，在紅單上會載明建案名聲、樓層、坪數、價格、訂金等初步資訊，並且約定好有審閱期限，如果對預售屋覺得不妥，建商都會無息退款給投資者。聽起來很不錯，對嗎？

但，這才是恐怖的地方！

現在時下流行很多房地產課程，或是小型的看屋團，其實都在玩一種坑殺投資客的遊戲。一般來說，這些房地產課程都是由一些房仲或代銷主持，然後把投資客分成好幾批，把A族群的紅單賣給B族群，把B族群的賣給A族群，最後再把這些紅單賣給自住客，這樣套來套去不只墊高房價，甚至還讓投資客血本無歸，狠一點的人中間還要抽個仲介費。反正最後不管誰賺，這些人都穩賺不賠。

簡單來說，這些紅單團的運作模式就是：

- 塑造這地區很有前景。
- 正式推案前，用紅單向投資人販賣保留權利。
- 投資客低價搶進。
- 開始轉手墊高房價、建商也順勢拉高房價。
- 投資客間互相轉手，內圍的賺外圍的錢。
- 投資客再轉手給更笨的投資客，這些人又再抽一次仲介費。
- 最後一手就是自住客，買到被墊高很多的房子，血本無歸。

透過這樣的方式，不但把房價墊高，還讓許多人血本無歸，是非常惡質的作法。有參加過我富豪居小聚會的朋友一定知道，只要每

次聊到這個話題，我一定非常激動。我都會告訴他們：「紅單這種東西，碰都不能碰！」

為什麼？因為你要知道，你所簽的不是正式合約，紅單這種東西在法律上，根本沒有保障可言。

有人會說：「不買可以退錢啊！這不是很好？」

我告訴你，如果你有這種想法，就是把建商當白癡。但可惜的是，把別人當白癡的，通常自己才是白癡。我讓你換個角度來思考，如果你是建商，你用低價賣給投資客，然後投資客賣不掉的話，你必須無條件退錢給投資客，你願意嗎？當然不願意！那為什麼世界上有那麼好的事，建商先低價賣給你，讓你去賺一手，萬一賣不掉沒關係，把紅單退回來建商幫你吸收？建商腦袋有洞嗎？還是他的腦子進水？當然不是！

我必須要告訴讀者一個事實：只要沒有能力「一次買完」整個建案，在價位上就絕對不可能便宜！一旦建商低價賣你們，結果你在市場上隨便加個10萬、20萬就脫手，那建商其他的房子還能用原價賣嗎？當然不可能，因為整個市場價格都被打爛了，怎麼可能還有辦法用原來的價格賣給其他人？你認為建商是傻瓜，幫你開高價格，結果讓投資客順利獲利出場？這樣的道理用屁股想也知道，這是絕對不可能發生的事情！那，你怎麼會天真到，認為建商會為了你這樣做？

所以，參加這種小型購屋團，除了買不到便宜外，還要被這些人多扒一層皮，這才是事實。

　　再來，所謂紅單買賣，建商都有取消合約的權利。也就是說，一旦行情大好，建商隨時可以不認這些紅單；如果連這種非正式合約，交屋時建商還願意承認，那就代表行情「絕對沒漲」，也就是：你買貴了！

　　我跟讀者分享一個案例，有一間上市公司在天母推案，原本推案價格太低，跟交屋時的行情差得太遠（印象中每坪80萬～86萬之間），這時候建商老闆馬上告訴所有的客戶，要買回所有合約。後來那個建案的價格重賣之後的成交價大約是一坪120萬～140萬之間。這時候如果是簽正約的投資人，最少可以拿到投入本金一倍的賠償金額，也就是說簽約金40萬，建商要賠給你40萬，再加上原本的40萬，一共可以拿到80萬。

　　但是紅單的客戶，卻是什麼都沒有，連一毛錢都賺不到。其中就是有一個投資客，因為轉手紅單已經賺了上百萬，結果因為建商取消紅單，只好把之前的獲利吐回給原本的客戶。透過這個例子就可以知道，**紅單這種東西是：好處你很難有，但壞事絕對算你一份。**這樣的商品能碰嗎？當然不行！

團購省錢，小心被坑！

　　小陳大學畢業之後，就在一家電子公司上班，辛苦的工作了兩年之後，也存了三十幾萬，跟爸媽商量一下之後，決定在上班的地方買一間房子。因為對房地產不是很瞭解，所以小陳到網路上找了很多資料，突然間看到有一個號稱「房地產投資小龍團隊」，專門教導別人了解房地產，而且還可以帶學員去團購房子，讓學員可以省下很多錢。

　　小陳看到這樣的資訊之後，就報名了猛獅團隊的課程，也跟著去看房子。有一次，老師帶了十幾個人來到某個建案，然後跟這些學員說：「我已經幫學員跟代銷公司談過，因為我們是團購價，原來每坪45萬的價格，現在可以用每坪41萬購買。」小陳想了一下，如果現在買下一間30坪的房子，就現省120萬了。於是小陳就跟代銷公司簽訂了購買契約。

　　經過半年之後，小陳赫然在新聞上看到猛獅團隊的消息，原來這個團隊專門募集學員，然後炒高房價，讓原本只有30萬的房地產炒到40、50萬。他所購買的建案，原本開價每坪是42萬，建商的底價則是37萬，所以小陳買的只有便宜1萬元，其他高於底價的價差，則落入了老師的口袋。小陳算了一下，老師坑了他120萬！

🏠【月風解析】

坊間有很多的房地產業者，不管是仲介、老師，或者是一般的消費者，都會認為團購可以省錢，一窩蜂的參加買房團購。但這些團購真的讓你買便宜了嗎？有沒有真正去看當地的房價？有沒有真正便宜到？說實在話，真的沒有！

舉例來說，今天你打算買一間1000萬的預售屋，這時候代銷公司的開價一定是很硬，不太會自己砍價，頂多願意加一些專案，幫你添購家具而已。如果是透過團購，可以幫你省下5～10％，也就是可以幫你談到900～950萬。但如果還記得前幾章提到的，代銷公司的底價通常是開價的88折，因此實際上的房價是880萬，但因為一般人不知道，所以被代銷公司唬住了；也就是說這些業者幫你議價的空間，其實本來就是代銷公司會給的殺價空間。而價差的20萬，可能就是團購發起者賺走了，甚至有些老師還會跟代銷公司要部分價差。

我自己就聽過一個實際的案例，有位房地產專家週末都帶一群人，去桃園青埔看預售屋，然後自己帶頭買了三戶，激勵這些消費者跟進買屋。等到消費者離開之後，房地產專家就會到代銷公司撤銷這些訂單，順便跟代銷公司拿了自己的佣金。結果有一次，代銷公司的跑單小姐說溜了嘴，整件事情才被爆出來。

我可以很簡單斷言：市面上的小團購根本不可能真正能買到最低價。為什麼？這時候我希望讀者換個角度想：如果今天你是代銷公

司，你給了Ａ團最低價，要是Ａ團某個成員說溜嘴，讓市場知道Ａ團的最低價後，其他的買方會不會認為還有殺價空間，還要建商跟代銷公司降價？當然會！

假設Ａ團買進成本為開價20萬的八折16萬，本來20萬一坪降到16萬成交已經退無可退，可是一但消息傳出，我肯定的告訴你，每個買方都會從「16萬以下」開始出價。因為每個人都覺得自己更有一套，更厲害，能殺更低！如果真的殺不下來，自尊心就開始作祟，寧可破局也堅持不買16萬的房子。因為投資者會覺得，那是買高了、給人坑了！

為了避免這樣的情況，代銷公司跟建商都會死守價格，絕對不會輕易降價。他們知道：只要有最低價，那之後就會沒完沒了，房價整個爛掉。你說，建商會為了你買個五戶、十戶，讓整個建案完蛋嗎？絕對不會！

你或許會認為，自己的口風很緊，消息絕對不會走露。結果今天才剛以16萬成交的房子，第二天就有165000的紅單在市場上漂流了，這就是市場，沒有任何祕密！

曾經有一個建商告訴我，市面上很多的團購都是雷聲大、雨點小，有一些知名的房地產投資客、財經作家，都號稱可以幫客戶買到最低價，帶了20幾位客戶要來買房子，結果有多少成交？１個。建商無奈的告訴我：「你說說看，這樣我能有多少降價的空間？」事實上，這樣的降價空間是非常有限的。

　　或許有人會問：「所以，團購其實不能買到最低價囉？」

　　這樣的說法其實不對。事實上，團購的確有可能買到最低價。但這有一個非常大的前提是：**團購數量能不能一口吃下 8 成以上的房屋**。因為如果你無法吃下超過 8 成的房屋，代銷公司跟建商是沒有必要為了零星的散客，把自己的行情打壞。所以想要團購買便宜之前，一定要清楚團購發起方是否能有這樣的實力，再來思考是否要跟進這樣的購屋團。

頭期款還能怎麼談？

慧婷在大學的時候，就有在經營網拍，幾年下來也有將近70萬的存款，原本想要在臺北市買房子，但是一看到總價隨便都要千萬起跳，計算了一下房貸後，發現一個月最少都要支出4、5萬元，想想自己一個月的收入也不過4萬元，就打消了在臺北市買房的念頭，轉而往新北市尋求低一點的房子。

幾經尋找之後，他在新北市五股區附近看了一個建案，總價大概是800萬，經過幾次議價之後，慧婷以750萬元成交，這時候代銷公司告訴他，頭期款是10％，也就是75萬元。後續的價格會依照施工進度，收取2％～5％不等的工程款，慧婷算了一下，自備款項大概是3成；也就是說，如果施工進度是三年，未來三年當中，她要存到150萬元，平均一年要存50萬，對她來說似乎有點壓力。

【月風解析】

說到頭期款要怎麼談，就要先了解預售屋的工程進度。一般來說，預售屋通常會有幾個階段：預售→開工→地下室→出土→樓層→拆鷹架→對保→交屋，從預售階段到對保交屋階段，正常的時間會是落在3～5年。

圖2-2：**從預售屋到成屋的八個階段（大約3～5年）**

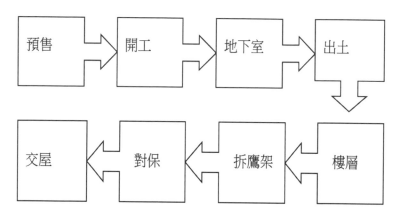

依照大部分預售屋的習慣，通常在每一個階段會有不同的工程款，以預售階段來說，這時候簽約金大概是總價的10％，之後每一個階段是2～5％不等，一直到對保之前，會收齊總價30％的工程款。這對於想要買房子的人來說，是有點沈重的壓力。那麼，頭期款就只能這麼談嗎？當然不是。

如果你是一般投資者，那麼我會建議工程款不要超過15％，但是要怎麼跟建商談這樣的條件呢？我有幾個談判的方法告訴你。

第一種方法是**跟建商談分期付款，然後減少工程款的成數**。以慧婷的例子來說，她可以跟建商說先付了簽約金10％，其他的會陸續以總價的2％來給付，但是工程款無法負擔這麼多，所以最多只能付20％。第二種方法是，只付簽約金，其他的等貸款在說。

以慧婷的例子來說，她可以跟建商爭取另一種方案，就是**簽約金付15％，其他的等對保之後再確定**。因為如果慧婷對保可以拿到８成

的貸款，那麼到時候在補給建商５％的工程款就可以了。

　　但如果**一個夠強大的看屋團**，那麼這些頭期款、簽約金的部分，通常都是發起方會幫你們跟建商談定，這才是負責任的作法。一般都是10％的簽約金，其他的部分等到貸款下來之後，再補足剩餘的工程款項，通常都以貸款90％，不再給任何金額為目標。為什麼發起人可以有這樣的影響力，讓建商不得不低頭呢？因為市場比的就是人多、強大的看屋團就是會買，而且還會買完。所以如果是要參與看屋團，必須先了解對方是否會做好議價的工作，以及有沒有能力一次吃下整個建案，讓參與者真正拿到最好的價位。

如何用預售屋投資？

　　有些人會問我：「預售屋能不能投資？」

　　我的回答是：「當然可以啊！而且預售屋是風險有限、利潤驚人的投資。可以說是房地產當中最好的投資標的。」

　　在前面幾章有提到預售屋的優點，其中一項就是：**風險有限，利潤驚人**。但如果想要讓預售屋成為好投資，就一定要注意幾件事情：

一、挑選有潛力的地區購買：

　　想要讓預售屋成為有利的投資工具，一定要挑選有潛力的地區來投資；這其實跟買股票很類似，買股票的時候，你要買的股票一定是可以讓你賺錢，而不是讓你虧錢。至於如何挑選有潛力的地區，在下一個章節會提到。

　　但我們要如何判斷預售屋價格會變高或降低呢？其實這在我第一本書也有提到，讀者可以從八大營建股（太子、長虹、華固、國泰、日勝生、皇翔、興富發、遠雄）的股價K線可以窺見一二，如果這時候營建股的股價往下走，代表投資人看壞營建股，預售屋的價格會下降；如果營建股K線趨勢反轉向上，就代表投資人認為營建股會賺錢，預售屋的價格自然會上漲。

🏠 二、重劃區要看狀況，別輕易投入：

重劃區是政府重點的推廣區域，但重劃區並不是萬靈丹。重點在於重劃區附近是否有相對的商圈來支撐，如果附近沒有任何生活機能，那這重劃區就變成鬼城。

以桃園青埔來說，在成為高鐵預定地之前，一坪只有900元，結果被政府跟投機客不斷炒作，最高曾到達一坪30多萬，但其實那地方生活機能根本不行，常被戲稱為狗比人多的地方。聽說有一些住在青埔的人跑到板橋買菜，可見青埔的生活機能根本還沒有完備。

🏠 三、 買房三要點：

對我來說，買房子有三個很重要的原則：

·頭期款壓縮在8成5之內

如果頭期款過高，就會壓縮獲利空間。舉例來說，如果一間700萬的房子，如果我有辦法貸到85折，那就代表我的自備款是105萬，如果我用800萬的價格賣出，我是賺了100萬，如果用自備款來說，我的資本利得計算如下：

100萬（賺的錢）÷105萬（頭期款，也就是資本）×100％＝95％

也就是說，我的獲利是95％。

那如果我的貸款成數是7成，那就代表我必須要拿出210萬來當頭

期款，如果一樣用800萬賣出，那麼我的獲利率就是：

100萬（賺的錢）÷210萬（頭期款，也就是資本）×100%＝48%

透過這兩則算式，你就可以知道自備款的多寡，關係的是你的獲利能力，而且這還只是用一間房子來計算，如果我能夠再找另外一間700萬的房子，一樣是210萬的頭期款，那我可以買兩間房子，這時候我的獲利能力就要乘以2，也就是190%，如果以210萬當作頭期款，一個貸款成數是85折，另外一個是7成，這樣獲利率是差了4倍。

·買兩、三房

未來的房地產主流，將會是以兩、三房為主的房屋，套房或大坪數的房子，將會逐漸被淘汰。為什麼？因為未來的家庭型態，絕對是以小家庭為主，通常小家庭的成員是父母加上一個或兩個小孩，所以房間數大概就是2、3間，太大坪數的房子不會是小家庭青睞的類型，因此兩、三房絕對是房地產主流。

至於套房為什麼不能買，因為大部分的套房是租給學生或單身族群，若以學生來說，因為少子化的關係，學生套房的需求將會下降；而單身族群幾乎不可能一輩子住套房，如果有能力，他們也會換到兩房的屋子，因次我敢說，套房的需求將會逐年下降（但仍有一定的市場，只是不大）。

·壓在1000萬以內

很多人會發現，在臺北市幾乎都是上千萬的房子，我必須說：臺北市的房子的確會增值，但如果你的資金不足，或是想要取得更好的獲利空間，那千萬不要選臺北市。事實上，當你出了臺北市，都可以找到總價低於1000萬的房子，只要選對地方，都可以有獲利的空間，等你真正有了資金之後，想要買臺北市的房子再去買。

為什麼我特別強調總價要在1000萬以內？

首先，當你總價越高，要脫手的機會相對少；第二、過高的總價，通常貸款成數相對低，如果一間1500萬的房子，貸款成數只有7成的時候，就代表你要準備450萬的自備款，但事實上450萬可以讓你在其他投資工具上，取得更好的獲利，資金運用上也更靈活，如果用來買房的話，就會把資金給套牢住了，所以我不建議太早購買總價高的房屋。

四、四種房子少碰：

·廣告戶，盡量不要買

我先解釋一下什麼是「廣告戶」。廣告戶就是寫在廣告上，價格比較低的房子，用來吸引客戶上門的房子。正常來說，一個建案的廣告戶只有一戶，而位置通常會在車道上面，通常是二樓或四樓。廣告

戶會有什麼樣的問題呢？

第一、位置不好，地基不穩，如果發生問題的時候，它是最危險的房子。第二、每天晚上會不斷的被「照光」，每一臺車下去的時候，都會閃一次車燈，對於住戶來說很困擾。所以廣告戶通常很難賣，大部分的廣告戶都是買下來之後轉租出去，當作收租用的房子。

・店面不要碰

店面的租金通常比較高，所以有些人希望買一間店面來當包租公，但我並不建議；因為店面的總價通常較高、貸款成數較低，所以資金需求也高，而且購買店面的話，就要有大筆資金被卡住的覺悟。

・透天厝不要碰

在都會區比較少看到透天厝的房子，但在其他地方，還是有一些透天的房子。如果想要自己住得舒服，那買透天厝無可厚非。但如果你是想要投資，千萬不要碰透天厝！因為透天厝的通常總價較高、貸款成數低，投資報酬率有限。

・別碰豪宅

別碰豪宅的原因跟透天厝一樣，都是因為豪宅高總價、低貸款，所以購買豪宅，會有不容易脫手、投資報酬率低的問題。

🏠 五、不炒房

　　讀者看到「不炒房」，一定會覺得很可笑，一個靠房地產賺錢的人竟然說不炒房？沒錯！就是不炒房。事實上，我在第一章就有提到，房地產的漲價幅度是根據通貨膨脹在走，而通貨膨脹的元兇就是政府。從中華民國有史以來，臺灣的公告地價幾乎是每年不斷調漲，而調漲的幅度跟物價指數息息相關。所以真正拉高臺灣房價的人，不是投資客，而是政府！

　　你或許會說：「有些地方的房價被炒起來啦！」

　　是的！有些地方的房價被炒起來了，但那不是真正的投資客！對我來說，那些炒房的人是投機者，跟詐騙集團沒什麼兩樣。在我的觀念當中，如果我把一杯成本50元的飲料用70元賣給你，那我是賺取合理報酬；但如果我把一杯成本50元的飲料，用5000元賣給你，那這種行為就是詐騙。而現在有很多的投機客，透過不斷轉手，製造出高房價，對我來說這就是詐騙，不但嚴重損害房地產市場，還把正當獲利的投資客拖下水。

　　但如果不炒房，那我是如何透過房地產賺到錢？

　　其實我的作法就是：用精準眼光買房，找出低估的房子，用市價的9成～9成5出售，只要獲利10％就出場。舉例來說，原本每坪市場真實成交價落在20萬左右的房子，我跟建商殺價到16萬，然後用18萬賣出，這樣我根本沒有炒高房價啊！我只是用我的專業知識跟能力，

爭取到較低的價格，然後用市價9成賣出，所以跟我買房的人都很高興，因為他們知道我不是坑殺他們的投機客。

　　所以想要做好投資客，就要好好做基本功，絕對不要因為一時的投機，捲入了炒房的漩渦當中，到最後迷失了自己的本性！

月風教室：好的看屋團，請進！

　　延續前文的團購話題，到底有沒有真正能撿便宜的團購呢？答案當然是有的。看多了目前網路團購的亂象，除了根本賺不到錢，還抹黑了房地產這個產業的名聲，明明房地產就是一項很好的投資，但卻常常被認為是炒作，讓房地產投資者的名字都被污名化。那時候我就想：到底有沒有一個方式，可以讓投資人買到便宜的房子，卻又可以讓建商跟投資人雙贏？結果讓我發現到一個很簡單的方法，可以達成這樣的效果。

　　這個方法的精髓得從預售屋的結構談起，我觀察到預售屋通常需要投入大量的廣告、大量的曝光，才能夠吸引消費者來購買。舉例來說，一個中大型的建商，每一個月花在報紙的廣告費用，平均要700～100萬元；更遑論舉牌工作人員的工資、發送的傳單、看板等，每一筆都是費用。在高雄有一個建案叫作「都廳苑」，印象在2010年的時候已經完工，但是到了2014年的時候，我還可以在臺北的雜誌看到它的廣告，當建案銷售期拖得越久，對建商都是損失，更何況是已經成屋。如果站在建商的立場，這些廣告費用我都花了，有可能降價出售

嗎？可能性不高。

　　以建商來說，這些成本就是銷售必須要的支出。但如果有一天，這些支出都不需要了，那會如何呢？我是不是可以要求建商把廣告成本回饋給消費者呢？這樣一來，我們購買的價格就會是附近最低價了。通常，建商的底價是開價的88折，如果省去這些成本給消費者，預計可以省下大約15％的金額。基於這樣的想法，富豪居才開始舉辦看屋團。

　　我在開始舉辦看屋團的時候，我就設定了幾個條件：

- **一個地區只跟一家建案合作**：我的看屋團在每一個地區只跟少數幾個建商配合，原因是我需要其他建案來撐著原本的房價。舉例來說，有個地區同時推出6個建案，這時候我跟其中一家合作，把成本拉到73折～75折。同時間，其他的建商還是需要做廣告、登報紙，所以成本會維持在88折以上，這時候，我們看屋團的優勢就出現了。因此，我們需要有其他的建案來支撐房價。

- **不收任何一塊錢的佣金**：在富豪居看屋團當中，我們絕不跟建商或團員收取任何佣金及費用。因為如果有佣金的話，建商就無法用成本價給予看屋團成員優惠。曾經有建商跟我說：「月風，我留5％的佣金給你。」我跟建商說：「不用，請把這些折價給團員就好。」因為我想要做的，並不是短期的佣金收入，而是當這些房屋完工後，富豪居集團可以接手，經營物業

的管理，這才是長遠的規畫。

● **讓客戶買在最低價**：富豪居非常堅持，看屋團的客戶一定要買在最低價。因為在投資的時候，就不是透過炒作房價獲利，而是懂得透過談判，以及精準的眼光，來找出被低估的房子。我們不炒房，也不賣高，低成本就是唯一的，也是最大的競爭優勢。

● **最少買下建案8成的房子**：就如同我之前提到的，如果我沒有把握買下超過8成的房子，我根本不會跟建商合作。畢竟建商是用原本行銷的預算折給看屋團，如果無法銷售超過8成，對於建商來說反而是打壞房價行情，這個建案的房價就完了。所以，如果沒有把握賣超過8成，我是不會跟建商合作。

透過這些條件，富豪居的看屋團就創造出競爭優勢。

談到看屋團，就來談談我操作過的幾個案件，有個建案在高雄高鐵站前方不遠處，是高雄知名建商的推案。過去那個建商一直有被房地產知名人士自我推銷，帶了團購團去看其他建案，卻只有一件成交。讓老闆對所謂團購團嗤之以鼻。

後來在超跑俱樂部當中，透過另一個建設公司老闆介紹，認識了建設公司的老闆，談到是否可以合作看屋團的案子，這時候建商董事長對於找投資客合作沒有太大的興趣，但因為是老友牽的線，建商董事長只好勉為其難的答應，可以嘗試合作看看。

在談判過程中，月風問建商董事長：「可以給我最低的價位是多

少錢？」

「那就一坪○○萬吧！」老闆有點敷衍的的說，因為他認為投資客根本無法賣完，就當是做人情吧！

聽到這個價格，我再次跟老闆確認：「那就是一坪○○萬囉！」

「嗯。」

「那有限制賣幾戶嗎？」我想有時候建商只有開放幾戶比較便宜的，還是先確定一下比較好。

「沒關係，你能賣幾戶算幾戶！」

董事長大概心裡在想：「之前那次所謂網路團購，連知名房地產作手、財經作家都只能賣出一戶，你這小子有多大能耐，應該也是一、兩戶吧！」

就在開賣的那天，建商只派了8個服務人員，因為對方預計我們沒有多少人。但沒想到那一天看屋團來了五、六百人，還有在地高雄人、了解附近行情的居民或是朋友在高雄的人，不斷叫人來買。這樣的陣仗讓建商的服務人員都嚇傻了，就在大約100人的時候，只剩下一間4樓的房子，其他的都已經完售。剩下其他的四、五百人根本沒買到，只能當作是來高雄觀光。這讓建商的董事長傻了眼，打從娘胎沒看過這種買房的速度跟規模。

當天晚上，建商的董事長就想毀約了。

因為在高鐵左營站附近，多的是一坪27、28甚至開價30萬的房子，而這個建案的位置都比其他建案還好，卻只有賣○○萬，要是按

行情計算，建商根本少賺很多很多。

　　但是經過跟我們數度斡旋，最後還是用當時談好的價格賣給看屋團的成員，畢竟這些都是對方老闆曾經答應的事情。

　　這一次的事件，讓富豪居在高雄的建商界大為轟動，幾乎每兩三天就有另一個案件來找我，但是，秉持不夠低，絕不買的原則，很長的時間內，我們都沒有再出手。

　　但世界就是如此奇妙，你越不著急，機會就離你越近。幾個月後，又有一間大建商找上月風，那是高雄推案量最大的建設集團之一，他們在左營有一個建案，因為卡到高速公路的關係，所以賣了好一陣子卻只賣出很少的數量，等到房子都已經蓋好了，卻仍然乏人問津。聽到月風一口氣買下另一個建設的案子，所以找上月風談合作，希望能幫忙他們銷售。

　　他們找上月風的時候，問月風能不能協助他們將案件脫手呢？

　　月風說：「可以啊！降價就可以。」

　　這時候他們說：「我們的底價是一坪25、26萬。」

　　我就回他們：「不行！不行！你們位置不好，這樣的價格我沒辦法幫你，不用談、不用談。」

　　一個月之後，他們又找上我了，跟我說：「李先生，一坪21萬可以談嗎？」

　　我就回他們說：「我在之前的建案就低於21萬了，那還是在高鐵

站正對面，你們地點沒那麼好，還想要賣21萬。」

他們回我：「李先生，現在的房價跟之前不一樣了，市況已經比之前好轉啦。」

我只好回他們說：「那不用談了、不用談了！」

再過了一個月，他們又打電話給我約我見面：「李先生，你覺得一坪多少可以談？」

我說：「○○萬，而且要能配合貸款。」

沒想到對方牙齒一咬說：「好吧！給你們試試看。」

有耐心的人，始終會是市場的勝利者

雖然價格談下來了，但是這個案子有個最大的問題。之前的案子是預售屋，所以沒有看房的問題；但這個案子都已經是新成屋了，那麼買方一定會想看房子，如果每一個人都要看房子，那數量如此龐大的看屋團，建商要怎麼接待呢？唯一的辦法就是：把新成屋當預售屋賣。當天買屋的人，只能從圖面上看屋，而無法上樓看房，建商一聽，傻眼了，有人這樣賣房子的嗎？看來又是被「胡弄」一頓了。

那一天，毫無信心的建商只有派4位服務人員接待。沒想到當天買屋的人，就真的只從看圖來選房，如果沒有興趣要買的話也無所謂，可以搭乘我們準備的專車離開。結果那一天看屋團來了600多人，除了低樓層之外，所有的房子都賣完，而且每一間房子都有5個順位，如果前一個人放棄的話，後面還有5個買家在等；當天只有50間

房子，卻有250個買家登記。

這個建案讓我創下了許多紀錄，包括：新成屋當預售屋賣、50間房子有250個買家、在左營買到超低價且配合貸款的新房子。

回首這些年來，富豪居辦過多次的看屋團，月風最自豪的不是我們總能創下區域「最低價」，當然也不是選中的案件一定完銷，而是在整個過程當中，富豪居包含月風在內，沒有任何人收過建商一毛錢，也沒有對任何案件做過兩次團看，更加沒有「任何一位成員」買到被轉手，或是被「加價」的紅單。在富豪居的看屋團當中，所有交易都是團員直接接觸建商，一切公開、透明，不經手任何金錢。

之所以可以擁有這麼低的價格，都是經過反覆不斷與建商談判，榨乾一切利潤，才呈現出的絕對低價。

這中間的過程，其實有很多賺錢的機會，一下子就可以有幾千萬的進帳，但是我並沒有。我可以賺錢，但我不賺。因為我相信：只有道德，才是人行走在社會上最好的衣裝。我所樂見的，不是越來越高的房價，而是越來越合理的投資，以及生存空間。我認為：房地產應該是讓人開心、讓人放心的最好投資工具，而不是讓某些黑心人士操弄利益，坑殺購屋者的賭場。

3

六大祕訣，
教你挑到最讚預售屋

祕訣一：還沒買先想賣

　　看到這個標題，或許你會想問：為什麼「還沒買先想賣呢」？

　　這是一個非常重要的觀念，我在上一本書《我在房市賺一億》就已經提過這樣的觀念，也就是買房子要用「投資」的角度來看，而不是區分為「自住」或「投資」。很多號稱房地產達人，都會說：「如果你要投資的話，就應該要慎選地方；如果你是要自住的話，那就沒有任何差別了！」其實這都是不正確的。

　　舉例來說，有人覺得三峽的房價不高、坪數也大，所以就在三峽買了一間新成屋。幾年之後，他們準備搬到其他地方，想要把原來的房屋賣掉，結果發現到三峽的房子不容易賣掉，於是只好用低於原來的價格賣出，這時候根本就欲哭無淚。

　　再假設你沒有賣掉房子，經過十幾年之後，兒女長大了要創業，把三峽的房子拿去抵押，結果卻發現因為房價不但沒漲，還往下跌，扣掉原本貸款後的殘值不高、能貸的金額非常有限，根本無法運用，這時候你會不會後悔，當初應該要找到好一點的房子？

　　當然會！

　　所以在買房子的時候，一定要想想：

「如果將來要賣房子，房子會增值嗎？」

「如果有一天要賣的話，有人會買嗎？」

「如果要貸款的話，我的房子能貸到好價格嗎？」

如果不是的話，那就要考慮一下你的標的物了！

如果當你買屋的時候，就能先想到賣屋的時候，你就是用投資的眼光在看房地產，這時候你會仔細的、願意花更多的時間，去找到適合的房屋。

在購買預售屋時也是如此，如果你是用「自己住」的思維來買房，那麼你看待預售屋的眼光，可能只會考慮到上班是不是方便、住起來是不是很舒適、有沒有好的管理及公共設施等。但**如果你用賣房子的眼光來看預售屋，那你就會考慮到賣預售屋的地段、交通便利性、未來的發展、政府的都市規畫、預售屋本身的耐久性、預售屋是否只有地上權等問題，這時候你想到的環節就會不一樣，你的思考層面就會更加開闊，找到好物件的比例也會增加！**

如果是用賣房子的眼光，通常會會注意到哪些資訊呢？

建商：建商是否有足夠的信譽，有沒有發生過爛尾樓的事件？

地區：哪個地區是未來發展的地方？哪些是A級商圈？

交通：政府的交通建設如何？附近交通有無發展性？

地點：預售屋所在的基地是否完整？附近是不是文教區？住宅區？還是商業區？

樓層：購買的樓層是否有抗性（買方不喜歡）強的東西？格局是否方正？

一般自住的人購買預售屋的時候，只會一味考慮到價格問題。但如果你用賣方的角度來思考，結果就截然不同。因為你在賣屋時，一定要知道這個物件的好處在哪、它的便利性如何、未來發展如何，這些才是買預售屋的重要關鍵。

祕訣二：選到好建商

對於投資者而言，購買預售屋的時候，建商是一個重要因素。因為預售屋根本還沒有蓋好，如果建商拿了錢跑路怎麼辦？如果建商不誠實，用劣質建材謊稱高級建材怎麼辦？房子蓋好不到一年，建商就倒閉了？萬一房子漏水怎麼辦？這些都是投資者需要想到的問題。

那麼，要怎樣選擇建商呢？

有一個最簡單的方法，那就是上網找評價。現在網路很發達，只要懂得如何查詢，就可以知道哪些建商的評價好、哪些建商的評價差。

除了上網查詢之外，還有什麼方法來辨別建商的優劣呢？

第一、選擇大的建商：資產規模越大的建商，對於資金的需求相對就少，遇到景氣不好的時候，也可以順利的渡過寒冬。如果是小型的建商，對於資金的需求較高，如果遇到景氣不好時，可能會有無法週轉的情況，而導致建案無法繼續。

第二、建商過去的推案：如果是有品牌的建商，一定有過去的建案，去找一下過去的建案當中，有沒有發生什麼樣的糾紛、房屋有沒有結構問題，也可以去問過去建案的住戶，他們對於建商的觀點如何。透過這樣的資料搜查，也可以知道建商過去的狀況。

第三、是否用同一個名字推案：過去臺灣有很多一案建商，每推

一個案子就成立一家公司，然後蓋完沒多久就倒閉，這是為了規避相關的財務問題及後續服務的問題，所以在選擇建商的時候，要看他是不是一案建商，過去的案子風評如何。

　　第四、是否有售後服務：過去有很多建商，他們倒閉就倒閉了，反正只要資本還在，另起爐灶就可以再騙一次。但如果懂得慎選建商的話，就要確定建商是否有能力做售後服務。我以潤泰為例，他們在建預售屋的時候，會在頂樓預留外牆磁磚，而且同樣讓磚塊接受日曬，萬一外牆脫落的時候，補上去的磁磚不會有色差的問題，這就是一個好的售後服務。

　　另外，遠雄在售後服務這塊也有不錯的表現，像是：每年提供社區兩項免費服務，第一項是颱風前的巡檢：遠雄營造售後服務員會在每年颱風季前，到列管建案進行檢查，報告住宅是否有排水、積水與漏水問題。第二項則是農曆春節前巡檢。這些都是售後服務的例子。

　　第五、建築信譽良好：繼續拿潤泰作為例子，潤泰建設在蓋房子的時候，是怎麼確認頂樓不會漏水呢？他們在頂樓完工之後，就會做頂樓壓力測試，也就是把頂樓放滿水，就像是游泳池一樣，等到幾天之後把水放掉，然後看地上是否有大片積水。而且潤泰在先進的水塔的設計上也頗具巧思，利用雙水槽，水塔的內部是傾斜的、不會有沈積，讓住戶在清洗其中一個水塔的時候，另外一個水塔仍然可以使用。因為這些工法都非常細緻，但建築成本多出將近三成，所以潤泰建設的推案價格都很高。

【月風幫你挑】：推薦的建商

　　下面所羅列的是我認為在施工品質上不錯的建商，但是因為施工品質好，建材相對也就比較昂貴，造價成本也就相對墊高。所以要如何在便宜與好之間進行拿捏，就看讀者自己的想法了。

　　華固建設：主要推案地點在臺北。

　　京城建設：主要推案地點在臺南跟高雄。

　　龍寶建設：主要推案地點在臺中。

　　潤泰建設：主要推案地方在北臺灣、臺中。

　　全誠建設：主要推案地點在高雄。

　　長虹建設：主要推案地點在臺北。

　　國泰建設：主要推案地點在臺北。

　　國揚建設：主要推案地點在高雄。

祕訣三：選到對的地區

　　要怎麼選預售屋的地區，其實有一個很簡單的觀念讓讀者知道，那就是：永遠不要因為便宜而買鄉下。這句話其實隱含兩個意涵：一個是考慮到未來的房價問題，因為在市區的房子，保值性一定比較好，你看臺北市的一間套房差不多是３、４百萬，但是在臺南市非市區的透天厝卻只有２、３百萬的價格，所以「寧買市區一間房，不買鄉下一棟樓」。

　　第二個含意是：經濟效應。有一些人為了便宜，把房子買在中壢、觀音等地，然後每天到臺北市上班，我認為這真的是沒想清楚。既然都在臺北市上班，為什麼不乾脆咬牙在臺北買房子？如果覺得買臺北很貴，那顯然是沒算清楚這些隱形成本。想想看，每天從桃園通勤到臺北，汽車的折舊、油錢、過路費、塞車時間、下班的疲勞駕駛、人身安全風險等，這些都是沒考慮過的隱形成本，如果認真的算清楚，你買在桃園買房的決定肯定不划算！

把商圈跟地區分級

　　這時候就會有人問了：「什麼地方是鄉下？哪些才是值得投資的地方？」這時候讀者要開始對全臺灣進行分區，基本上我們可以把全臺灣的地段分為三段：Ａ級地區（市區）、Ｂ級地區（近市區）跟Ｃ

級地區（鄉下）。以六都來說，我認為的**A級地區**分別是：

臺北市：幾乎都是A級地區（社子島較有爭議）。

新北市：中和、永和、板橋等地靠近臺北市的地方，都是A級地區。

桃園市：北桃園是藝文特區、南桃園是海華特區、內壢周圍跟中壢車站附近。

臺中市：七期、逢甲、臺中車站附近。

臺南市：原臺南市區。

高雄市：左營高鐵區、文化中心、亞洲新灣區。

在A級地區周圍的蛋白區，通常就是B級地區。沒有在六都之內的，其實都是鄉下（C級地區）。

那C級地區就沒有好的投資標的嗎？

當然有。這時候就要談到商圈的概念，我們剛剛談的地區是區域性的概念，但是在區域性當中也會形成一些不同的商圈，這些商圈當然就決定了不同的結果。

以商圈的規模與重要性，我們也可以大致區分為A級商圈、B級商圈跟C級商圈（其實C級已經不能算商圈）

A級商圈指的是這個地區最繁華的地點。

以墾丁來說，相對於整個臺灣，墾丁所屬的屏東縣算是C級地區，也就是鄉下。但是在墾丁大街的一間店面，卻可以開到上億的價格。為什麼？因為這是C級地區的A級商圈。再舉另外一個例子，臺北市幾乎都是A級地區，但是萬華老社區的房價一直沒有起色，這是

因為這是 A 級地區的 C 級商圈。所以決定房價的不只是地區，還有商圈。

🏠 注意政治風險

在選定投資地區的時候，千萬要記得把政治因素考慮進來。臺灣是一個島國，所以政治對於區域治理的影響，就非常的重要。如果該地區有發生政黨輪替的情況時，不要貿然投入該縣市房地產買賣，必須觀察後續的狀況。為什麼需要注意政治風險，因為選舉是很花錢、很需要政績支撐，所以新任縣市長一定會把把前任縣市長的規畫給駁回，換上對自己有利的計畫，以便撈取最大的政治利益。所以當該地區發生政黨輪替的時候，政治風險就會增加。

通常新任執政者，為了賺回選舉時投資進去的費用，勢必重新調整縣市規畫，而調整縣市重大計畫，中間要擺平、犒賞選舉有功的相關人士，如立委、議員、民代等。於是大部分的建設就要重新商議，檯面下的利益分配重新洗牌。所以，這就是為什麼臺灣的工程總是分段招標，同一個建設要很多不同廠商來做，而施工成本遠高於外國的原因。

再者，因為每個人所想要的商業利益、建設利益都不同，要「喬攏」這些利益不是一朝一夕的事情，加上現在電子設備發達，縣市長害怕被錄音、錄影，又不能親自出來處理這些檯面下的事情，需要借助中間一層層的白手套，導致建設一延再延，這時候投資該地區前就要格外小心。

117

🏠 重劃區這樣看

關於重劃區的部分，必須要看政府未來的規畫，以及後續的執行！但我可以明白的告訴讀者，絕大部分想要重劃造鎮的計畫，其實都是失敗的！為什麼？因為都市商圈「可生而不可造」。這個意思是，都市形成是透過人口聚集而發展出來的結果，而不是政府說這邊要重劃，所有的人就一窩蜂的購買當地的房屋。

一般來說，都市的形成是有脈絡可循的，是透過外溢作用而形成。如果熟知臺北市發展歷史的人應該知道，臺北市最早是沿著河岸發展，所以最早發展的地方是艋舺，也就是現在的萬華區附近，再來就是大稻埕跟舊臺北城。因為萬華跟臺北城的人口越來越多，所以就不斷的往外擴張，沿著忠孝東路、仁愛路跟信義路，商圈開始轉移到東區及信義區；隨著交通的便利，慢慢的，南港區的人口也越來越多，商圈也就逐步形成。透過臺北市簡單的發展方向，可以清楚的看到都市演化的規律。

目前政府幾個在推動的重劃區，像是八德、林口、三峽、鶯歌、龍潭跟土城等地，其實能成為新商圈的條件都還在發展階段，所以想要買預售屋的話，先避開這幾個地方吧！

 【月風幫你挑】：關注重要發展地區！

那麼，現在有哪些地區可以投資呢？根據我的觀察，長期來說依舊是臺北市、新北的Ａ級地區，臺中跟桃園雖然看起來都市建設與發

展都不錯，但是才剛政黨輪替，有一定的政治風險存在。

桃園是個特別的區域，人口發展快速，但城市發展相當不平均，加上近年來桃園炒作過度，必須冷卻一段時間。當房價下修一段時間，讓市場歸於正常後，桃園市中有「幾個區位」也是一個不錯的選擇。

臺中的狀況跟桃園又不一樣。依照目前的數據來看，臺中的空屋率是全臺最高，但周轉率卻是全臺最低，是六都內買到最難脫手的位置；再加上臺灣大道（中港路）的捷運完全難產，而正在施工的臺中捷運，根本完全無法增加市民任何交通便利的路線設計，所以十分不推薦臺中。

至於臺南也不建議投資。為什麼臺南不建議投資呢？

第一、臺南是古都，古蹟特別多，所以建設發展受到限制，導致新的建設不易在人口密集處設置；其次，臺南的交通不便，會讓臺北人卻步？你可能會說：「等一下！在臺南買房子關臺北人什麼事情？」我要說的是：「有關係，當然有關係！」因為全臺灣的房子，除了當地人買之外，其他都是臺北人在購買的，臺北人最愛房子啊！所以如果想要在中南部買一間會增值的好房，就要懂得抓住臺北人的心。

我常說，臺南為何完全比不上高雄，交通就是最大的原因。我們用臺北人的角度來想想，從臺北到達臺南的幾個方法：

①開車：要開好個小時，來回看屋時間成本太高，令人卻步。

②火車：一樣要好幾個小時，不提早購買還沒位置，來回時間成

本過高。

③高鐵：下車後一片荒蕪，從高鐵站進到臺南市區還有一大段路，除了交通成本，臺南的塞車問題完全不輸臺北，去了一次就用掉整天時間，抗性頗高。

④騎車、走路：我想…你要是真的這樣來，應該不是來看房子的吧！

綜合以上的結論，我對於臺南房價是抱持較悲觀的看法。

最後就是高雄了。

之前有提到，高雄房價看漲只有「左營高鐵區」、「文化中心」跟「亞洲新灣區」等三個區域。左營高鐵區跟文化中心，早已被認定是高雄房價看漲的地方，但我目前非常看好「亞洲新灣區」。我認為「亞洲新灣區」是除了臺北、新北板橋之外，全臺灣都市生活機能與發展最良好的一個地區。

「亞洲新灣區」位於高雄多功能經貿園區內，是高雄經貿園區的核心區，是目前高雄市重點發展的地方，在亞洲新灣區當中有海洋文化及流行音樂中心、高雄港埠旅運中心、高雄世貿展覽會議中心、高雄市立圖書館總館、高雄環狀輕軌、AIT高雄辦事處、捷運紅線，這些是屬於政府相關機構與交通建設的部分；在商業部分，可以看到三多商圈、SOGO大遠百、夢時代等，還有一些購物中心、飯店旅館都將陸續完成，在企業則有遠東、中鋼等企業陸續進駐，代表亞洲新灣區生活與商貿都已經逐漸成形。因此，我認為「亞洲新灣區」未來將會成為高雄的首要商圈！

祕訣四：交通建設要挑對

我常常舉辦小聚會。

在小聚會上,任何股票及房地產的問題都可以問。

常有人問我怎麼看捷運機場線對桃園房價的影響,我很直接的告訴他:「那是桃園三鐵共構,臺鐵、高鐵、廢鐵。」尤其是對桃園在地人來說,現在蓋的捷運,根本就是廢鐵!

事實上,交通建設一直都是建商主打的議題,也是房屋增值的條件之一,但我要告訴你:「交通建設不見得加分!」當我們談到建設的時候,必須要清楚知道目前這個建設到底是真建設還是假建設,真建設就是可以活絡當地的經濟,能夠帶動附近商圈,假建設就是看得到卻不實用的建設。

捷運VS劫運

對於房價來說,捷運通常是最能加分的交通建設,這幾年來,沿著捷運周圍的地區幾乎都漲價了,但是這樣的情形僅限於臺北市與新北市部分地區。讀者一定要知道,捷運是否拿夠發揮最大的功能,關鍵是在於「棋盤式」的路網,如果不是棋盤式的交通網,其實都不算具有完整的捷運功能。

以臺北捷運來說，在臺北市中心的捷運交通網就是棋盤式的結構，所以捷運對於臺北市而言，是非常重要的交通建設。

圖3-1：**臺北市捷運路網**

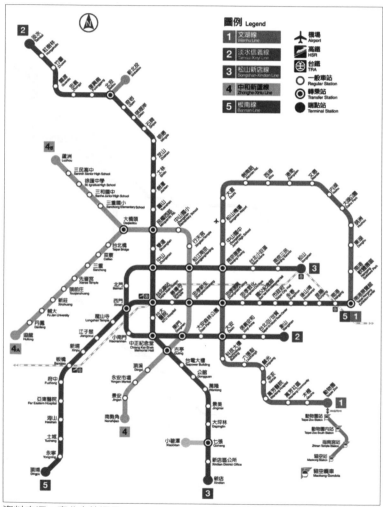

資料來源：臺北市捷運局

圖3-2：高雄捷運圖

資料來源：高雄捷運局

　　同樣的標準我們來看高雄捷運跟臺中捷運，高雄捷運呈現十字交叉，南北向跟東西向都拉得很遠，在市區當中要轉換地方根本不方便，所以高雄人寧可騎機車也不願意搭捷運；不過為了彌補這樣的落差，高雄市政府也興建了輕軌捷運，但這一條捷運路線能帶來多少效應，就要看後續的使用率。

　　至於臺中捷運就更誇張了，目前規畫只有一條，而且還不是建在主要幹道中港路上，高雄捷運的紅線至少還蓋在主要幹道中山路上，還經過了許多商圈，但臺中的捷運根本廢鐵，除了能接到到高鐵之外，我真的不知道未來臺中捷運可以發揮多少功用。

　　最後我要談到桃園捷運，我真的不太願意這樣說它，但是桃園捷運真的很莫名其妙。我們可以看一下桃園捷運的示意圖，可以發現到桃園捷運從臺北車站出發，經過新北市前往桃園機場，然後從機場接到高鐵桃園，最後終點站是中壢車站。這樣的規畫就國土的角度來說，是沒有太大的問題，但對於桃園人來說，這個捷運一點意義都沒有啊！

圖3-4：**桃園捷運路線圖**

圖片來源：桃園捷運公司

　　我們換個角度想：如果你住在中壢，你要到臺北去，捷運的票價
是火車的兩倍、花費的時間差不多，你會坐「火車」還是「捷運」？
當然是火車！如果你住在青埔，你要到臺北去，高鐵跟捷運的票價差
距不大，坐高鐵比捷運快兩倍，你會坐「高鐵」還是「捷運」？當然
是高鐵！所以整個桃園捷運，對於桃園的發展幾乎沒有任何意義，除
了大園以外，大園是唯一捷運建設受惠的地區。整體而言，捷運對桃
園是利多嗎？一條完全不能幫助市內交通往來的捷運，我認為沒有任
何加分，因為在這條捷運路線上，除了搭飛機外，哪裡也去不了。對

我而言，桃園捷運就是「假建設」，要知道，建設不是蓋了就好，保養、維修、人事成本都是大支出，我預期完工不用幾年，桃園捷運就會成為桃園地方政府的財政大包袱。

高鐵VS廢鐵

高鐵是臺灣非常重要的交通建設，可以快速的連接南北之間的距離，但是從2015年底開始，臺灣高鐵又要增加四個站，目前確定高鐵有11個站，來往北高的話，時間上一定會增加，而且除了臺北、板橋跟左營之外，其他的高鐵站都設在鳥不生蛋、雞不拉屎的地方。

最誇張就是臺南站，臺南站距離原本的臺南市開車約40分鐘到1小時的地方，我真的不知道設立這樣的高鐵站意義何在？

但這些高鐵站給我的感覺，就像是官商勾結的結晶，如果不是官商勾結，這些高鐵站應該要設立的地方應該是中壢市區、苗栗市區、臺中市區跟臺南市區不是嗎？這不是才符合目前的都市規畫嗎？事實上，臺灣高鐵真的是非常好的建設，它是採用日本新幹線系統，卻比日本還新；這麼好的一個交通建設，卻搞成這樣，不是非常可惜嗎？

如果這些人能多替國家想一點，臺灣現況不會走到這樣的地步。

圖3-5：**臺灣高鐵路線圖**

資料來源：維基百科"TaiwanHighSpeedRail Route Map"

由 Stanley - created by Stanleyliao5, uploaded first to zh.wikipedia。

火車站

　　在高鐵、捷運尚未發達之前，所有繁榮的地區，幾乎都在火車站周邊上。所以如果想要找到好的投資物件，其實可以從火車站來尋找適合的地區。那什麼樣的火車站附近是理想的地區呢？桃園內壢就是一個很好的例子。

　　內壢火車站是傳統的火車站，原本只是一個小站，但因為緊鄰中

壢，有部分從中壢外溢的人口，再加上附近有中壢工業區，有上班的族群，開始成為一個群聚性很高的地區。接著，火車站前原有的商圈逐步擴大，對於當地的房價，起了支持的作用，所以內壢火車站前的房子保值性相當高。

其實，如果就長遠的觀察，可以發現到大部分的商圈，其實都是從火車站開始。最經典的就是臺北火車站、板橋火車站、中壢火車站、內壢火車站、臺中火車站、臺南火車站、高雄火車站，這些商圈其實也都是在火車站附近。

如果是C級地區的火車站，那更是當地最繁榮的地方，因為所有的出入，都需要依靠火車作為運輸工具，所以較偏遠的地方，火車站就扮演了重要的角色。因此在挑選好的投資物件時，不妨可以沿著火車站來找投資標的，或許能找合適的投資物件。

月風教室：臺灣交通的唯一解藥

認識我的朋友都知道，我講話很直接，也滿「毒」的。

但是，我非常愛臺灣。因為如此，很多事情我覺得不吐不快。

就現在臺灣發展來看，國家能動用的資源、金錢，都在執政者短視近利的執政策之中，被消耗殆盡。

無論是蓋的跟十字架一樣效率頗低、年年虧損的高雄捷運；還是財務狀況搖搖欲墜，負債累累，且已經即將改命為「臺灣慢鐵」的高鐵；抑或一出生就注定要當廢鐵的桃園捷運、臺中捷運。

短時間內，臺灣看不到任何高效益的交通建設存在。可惜的是接下來的政府也將更沒有足夠的資源花在必要的交通建設上。所以桃園、臺中、臺南等地嚴重的交通問題，只怕十年內都還不得解決。

我認為，要改善臺灣目前已經打死結的交通建設，必須借鏡外國的「私鐵政策」。

如果鐵路、捷運，變成一門私人（又或是大眾生意），讓財團或社會出錢，政府與民間單位共同監督，將桃園、臺中、高雄等地目前的捷運，增設成像臺北一樣的棋盤式結構，那麼短時間內，臺灣的交通勢必獲得大幅度改善。這種方便且新穎的捷運系統，勢必為臺灣導入更多外資、觀光等商業利益。而這些交通建設的投資者，除了可以享受源源不絕的運輸收入之外，還可在自行出資的前提下，將這些鐵

路、捷運，交通路線牽引到臺灣偏鄉。

目前，臺灣尚有大量偏鄉土地呈現未開發狀態，且地價跟市區有著上百倍的差距，只要交通問題能解決，無論是蓋大型商場、遊樂中心、國際度假村、賽車場，又或是利用臺灣的海洋資源進行觀光開發，都大有可為。

除了開發者可以獲得大量土地開發利益，這些區域的居民也可以擁有更多工作機會，提升就業率，更重要的是，能將外資重新引進臺灣，為目前的經濟帶入活水。

我期待，假以時日，臺灣能出現不以自身利益為出發，且目光遠大的領導人。

只要方向正確，未來、依然充滿希望！

祕訣五：買在商業區

常常有人會問我：「要怎麼挑預售屋的地點呢？」

這是一個好問題。

從前面幾章開始，提到如何選擇建商、如何找到好地區、如何判斷交通建設是否有用，這些都是從大的區域開始談起，然後逐漸找到你要的地點。這時候你要如何選擇預售屋的位置呢？

這時候，請去上網找出目標位置的都市設計圖。都市設計圖就是一個都市的藍圖，上面記載了很多的資訊，包括商業區、住宅區、工業區、交通建設、文教區等。透過都市設計圖，我們可以找到該區域的未來發展性。

🏠買商業區，不要買住宅區

下圖是桃園中壢的都市設計圖，從網頁上我們可以看到在這一張都市設計圖當中，紅色的區域就是商業區，黃色的區塊則是住宅區，深綠色的地方代表公園，淺綠色的地方代表農田，棕色的地方代表工業區，藍色的地方代表機關用地，紫色的地方代表文教區。透過這樣的都市規畫圖，就可以很清楚的知道，中壢市的商業區集中在火車站附近，而如果你想要買預售屋，一定要選擇商業區當中，這樣未來才有增值的可能性。

圖3-6：桃園市中壢區的都市計畫圖

資料來源：桃園市政府都市發展局

為什麼要買商業區，而不要買住宅區的預售屋呢？這個道理非常簡單，當我們買在商業區的時候，撐起房價的是附近商圈，在商業區當中，住宅是非常稀少的，所以大家會搶著要；而住宅區剛好相反，周圍沒有撐起房價的商圈，如果真的要出售，還有可能跟其他住戶一起出售，這時候我們就沒有產品優勢，只能用價格當作唯一的競爭方式，一旦有金錢需求時，只能較低的價格售出，對投資者相當不划算。所以選擇預售屋建案的時候，一定要選擇商業區，如果沒有辦法在商業區中心，最少也要沾上邊。

🏠 基地附近生活環境機能與未來發展

在選擇預售屋的時候，有另外一項考量，那就是附近的生活機能與未來發展，但是這樣的考量並不能當作最重要的標準，因為臺灣政府在執行這些開發案的時候，通常都是拖拖拉拉，一件3年能完成的案子，都要拖到 5 年、7 年，甚至10年以上。

我們剛搬到中壢的時候，父母就耳聞家裡附近的空地要蓋小學，為了能讓我在住家旁的小學讀書，竟然買了這個莫名其妙的區域；幾十年過去了，小學同學的兒子都準備上小學了，那塊地依然空著，一直掛著「國小預定地」五個字。因此，對於政府未來的規畫，最好抱持著懷疑的態度。

《富爸爸、窮爸爸》的作者曾經說過一個故事，他在投資第一間房地產的時候，房屋仲介告訴他，他所投資的房屋旁，將來會有一條路經過，這樣他的房子就會增值了，結果在他賠本賣出之後，那條路始終沒有開通。所以對於政府所規畫的事情，一定要確認已經動工後才能當真。

祕訣六：挑到發財預售屋

　　當你來到預售屋現場的時候，通常需要觀察四件事情：①附近的環境；②建案多高、戶數多寡；③路面大小；④車位。

附近的環境

　　當我們到了預售屋的基地時，一定要看一下周圍的環境，因為這對我們選擇物件的判斷上，相當有幫助。

　　如果基地附近有透天厝，那在靠近透天厝的那一面，盡量不要選擇5、6樓，因為那個高度剛好是透天厝水塔的位置，在賣出物件的時候，會有一定的抗拒性。

　　附近有高樓的話，盡量不要選在同一邊，避免景觀被遮住。

　　基地附近有水岸景觀的話，在價格沒有高出許多的情況下，可以購買面水岸的方向，因為面臨水岸本身就是一個很好的賣點，如果要轉售的時候，通常也是加分的地方。

建案多高、戶數多寡

　　如果建案樓層超過15樓，盡量不要選擇8～10樓，因為樓層太高的話，通常在這些樓層會設置中繼水箱，漏水的機率就會比較高。

另外，戶數太多的案子不要買，因為戶數太多的案子，轉手就非常困難，我會建議以50～100戶之間最好。

路面大小

若是基地附近有空地，看一下空地的位置，是不是會擋到視線？此外，我們也可以透過路面大小，來觀察是否會阻礙景觀視線。如果現在的建案不鄰路，而其他的建案鄰路的話，將來這些後期的建案肯定會擋到目前建案的景觀視野，這時候你不需要選擇高樓層，選個2、3樓吧！還可以跟建商殺價呢！

車位

在選擇車位的時候，一定要非常小心。千萬別小看停車位！選擇停車位時要考量的點有兩個：車位位置與車位大小。我的觀點是：絕對不要因為便宜而選擇B3甚至B4、B5的車位，原因也是因為經濟效益。

我在第一本書時也曾提到這個觀點：想想看，當你每次回家的時候，都要從1樓繞到B1、B2以後才會到B3、B4、B5，你的油錢、你的時間，如果全部都加進去，再算上整整三十年，上去繞三圈三十年，下去繞三圈三十年，比起幾萬塊的車位價格，根本就是得不償失。要轉手的時候，B1、B2的車位也會比B3、B4更受到買家青睞！

另外，在挑選車位的時候，一定要記得看清楚車位大小，以及車位在停車場的位置。有些建商規畫的停車位太小，就要選擇好下車的車位。這對於將來賣出的時候，也是一大加分。

至於要不要買車位，這個部分南部跟北部有不同的差異。

對於北部人來說，除了豪宅或高總價產品，我建議是不要買車位，因為隨便一個車位都是200萬、300萬甚至500萬，你到附近的公立停車場租停車位，一個月不過是3000～4000元，一年也才3～4萬元的租金。如果你買了車位之後，無形之中就會墊高房價好幾百萬，等到你準備要賣出的時候，買方看到總價這麼高，一定會打退堂鼓，所以在臺北或桃園市區我不建議買車位。

但是在南部的話，那就大大不同了。在南部買預售屋，一定要買車位，因為南部的車位價格不高，不會對總價造成太大的影響；此外，南部人買房子一定要買車位，有時候還會買兩個車位，因為南部人認為買房子一定要有車位，這樣進出才方便。

4

打破各種話術迷思，
絕不衝動下手

廣告上的話術

通常，我們拿到的廣告ＤＭ上，都有非常美麗、生活機能非常便利的「示意圖」。像是：「4500坪公園第一排」、「３分鐘到市場」、「面河堤」……

其實這些拍得美美的圖片，都不見得如同廣告上說的一樣，所以真實的狀況還是要到基地現場才知道。

目前，廣告單上面已經不太敢放假資訊了，但是仍會有一些狀況不相符，像是：比例尺、交通便利性、商圈距離等，通常是最常發生的問題。

比例尺

有時候在預售屋的廣告單上，可以看見縮小版的地圖，讓你知道這附近有哪些商圈，或者是公共設施，但這些地圖的比例尺卻是非常有問題。就拿這個建案來說，這個案子是在三重的龍濱路上，從這張圖來看，你可以發現到，這個建案似乎離這附近的捷運站都很近。

但如果你從Google的地圖上看來，就完全不是那麼一回事。原本看似很近的捷運站，突然變得有點遠。

圖4-1：**三重某建案的廣告DM**

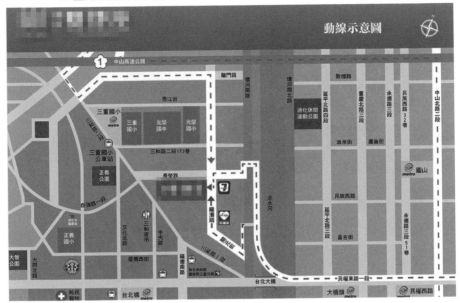

資料來源：臺北房地王網站

🏠交通便利性

有一些建案會告訴你，5分鐘可到臺北市。但是他們沒告訴你的是：必須要開車才能5分鐘到臺北市，比如，有廣告上面寫10分鐘高速動脈，建商沒說的事情是：要開車才能上快速道路或高速公路。再拿另外一個建案的廣告為例，上面寫著：「雙捷運站，百秒到臺北一站首選。」聽起來似乎很近，但實際上走到捷運站要多久呢？大約10分鐘。如果想要百秒到臺北的話，恐怕就要騎摩托車狂飆了。這些都是在廣告上面誘導消費者上當的廣告詞，雖然這些廣告遊走在灰色地帶，但仍然不建議用這樣的方法吸引消費者。

圖4-2：**建案廣告DM**

資料來源：臺北房地王

🏠 商圈距離

　　這一個建案的DM上，告訴投資者5分鐘到大江購物中心，但事實上是需要開車才能夠5分鐘到達。SOGO商圈也同樣是要開車或騎車。所以如果只看預售屋的DM就會出現跟事實不符的情況。但因為印製在DM上的文字，常常會被購屋者拿來當作證據，因而產生了許多消費糾紛，所以目前越來越少建商會大剌剌這樣寫在DM上了。

圖4-3：**建案廣告DM**

地段價值		水岸價值	建築價值
2分鐘內壢交流道	6分鐘捷運A21站	1分鐘永福環保公園	市中心大地坪：5.9米,7米大面寬、114~142崗石電梯豪門
5分鐘大江購物中心	10分鐘青埔高鐵站	1分鐘新街溪河岸步道	宮廷式水花園：170米歐式噴泉花園軸線
5分鐘SOGO商圈	15分鐘桃園國際機場	2分鐘中福藝術園區	國安級守護網：24H特勤保安、飯店式社區管理

資料來源：桃園房地王

現場銷售的話術

　　銷售人員通常都有很多話術，教消費者不知不覺陷入他所設計的情境而快速以他心中的價碼成交，我們可能因此不知不覺喪失了自己的議價的主動權。現在我們就一一解析、破解這些銷售話術。

🏠製造滿銷狀況

　　熱賣！

　　銷售九成！

　　即將完售！

　　代銷人員最常告訴你的話術是：這個案子非常熱賣，目前已經有很多人要買了。為什麼要這麼說？因為他要告訴你，我們的建案很熱門喔，如果你不買的話就來不及囉。

　　對於製造滿銷情況，我曾經看過最極致的做法。

　　有一次我經過某個預售屋的建案，決定進去看一下。沒想到有一個代銷人員在門口把我攔了下來，對我說：「不好意思，請問你有預約嗎？目前正在簽約中，如果沒有預約，請不要進去打擾喔。」

　　「所以我看房子要先跟你們約時間喔？」

　　「對啊！因為我們銷售的狀況非常熱烈，裡面的人都在簽約，所

143

以想要看屋的話，要先跟我預約喔！」

這是我目前看過最特別的話術。

每坪價格最低

有一些代銷人員會告訴你，他們建案的單價是這附近最便宜，所以想要購買房子的話，現在就是最好的時機。

但是這也是有問題的。

這時候你要看代銷人員是怎麼計算坪數，有一些代銷人員會把車位跟房間的坪數加在一起，然後告訴你平均價格，那當然是便宜的啊！一間房子20坪總價800萬，車位10坪100萬，結果代銷人員告訴你這個建案平均一坪是30萬，這樣對嗎？

當然不對啊！哪有把房屋跟車位加在一起算的道理。

還有另外一種情況是這樣，代銷人員告訴消費者，我們建案的單價都比周圍的建案少3萬，仔細看了一下，房屋跟車位是分開計算，好像沒啥問題。結果到時候交屋的時候問題大了！原來這個建案是毛胚屋，而且還沒有隔間。這樣一坪至少省下好幾萬，當然最便宜啊！

所以在購買前，一定要弄清楚房屋的格局，坪數單價變少是否因為車位灌水、有沒有裝潢？是全空、毛胚屋有隔間，還是毛胚屋沒有隔間？有沒有油漆？是不是含家具等？這些都會影響房價，千萬不要只聽信代銷人員的片面之詞，簽約之前還是要看清楚。

🏠歐洲頂級衛浴設備

在樣品屋當中，常會看到精美的家具、衛浴設備，這些都會讓人興起購買的衝動，加上代銷人員會告訴你，我們會負責幫客戶裝潢好，連衛浴設備都是用歐洲頂級的衛浴系統。聽起來是不是好棒棒！

我就曾經聽過一個案例，代銷介紹的時候，告訴消費者在未來成屋的時候，衛浴設備會採用歐洲頂級的衛浴系統，然後報了一串英文，告訴消費者這是衛浴系統的名字。在代銷人員的慫恿之下，他們就簽了合約。回家之後，他上網找了一下歐洲製作衛浴的公司，似乎沒有代銷人員跟他說的那家，經過不斷查詢之後，才發現到原來那家根本是臺灣公司，只是在義大利有公司註冊，單子過了一手就號稱是歐洲進口的衛浴設備。

還有另外一種是這樣，在看樣品屋的時候，你看到是TOTO的衛浴系統，代銷人員也告訴你交屋的時候，用的也是TOTO系統，但卻沒有在合約上註明，等到交屋的時候，卻發現到原來是__O__O系統。也有的情況是：在合約上註明「TOTO衛浴系統或是其他類似替代品牌」。結果交屋的時候，換成了其他不同的設備。

所以，購買房屋之前，一定要在合約上看清楚，當代銷人員在介紹這些設備的時候，投資者一定要問：「你說的這些可以寫進合約嗎？」如果可以，代表他說的是真的，如果不行，那就是在胡弄你！所以這些附加的設備、家具，一定要詢問清楚：「衛浴設備用的是哪

一套？有沒有在合約上註明？是不是有寫可用其他代替？」

最後，我必須要告訴讀者一個重要的觀念：不要沉迷樣品屋的裝飾品。千萬要記得：**你的成屋一定會跟樣品屋不一樣**。所以千萬不要天真的認為，你的成屋就會跟樣品屋一樣。這時你在看樣品屋的時候，才會自動把這些飾品、花瓶擺設給扣除，才會接近較真實的房屋。

🏠公設比最低

通常在代銷人員的介紹當中，公設也是一個很重要的話術。有一些代銷公司會告訴你，我們有提供游泳池、健身房、宴會廳、KTV，聽起來似乎很不錯，但也就是聽起來而已。最後公設的狀況，還是要看交屋之後才能確定。

雖然公設比例也是一個重點。如果無特殊公設，那公設比例通常是33％，如果是一般的公設比例，大約是占35％～36％，如果是豪宅的話，通常公設比是39％～40％。但實際上，公設的內容與規畫，才是住戶能不能好好享受公共設備的重點，所以簽約之前一定要了解清楚。

🏠額外使用坪數

在某些建案中，可能在某些樓層有大露臺，增加了一些空間，這

時候你認為，多付一些錢也沒關係，結果交屋的時候才發現：哇！怎麼少了大露臺的坪數？我不是多付了錢嗎？

是的，你多付了錢，但也只是使用費。

其實大露臺並不能算是正式的房屋空間，在建商的想法當中，大露臺只能算是「約定空間」，也就是說，因為你的房間剛好在這個樓層，而這個樓層有人露臺，但這些露臺的空間不能算是投資者的，但投資者又可以用，所以就稱為約定空間，雖然你沒有所有權，但因為你有使用權，所以也要付錢。一般這種約定空間，大概是房價的三分之一到四分之一。

另外，在購買預售屋的時候，雨遮也算實坪，所以要看清楚，雨遮的比例是否過高、實坪到底是多少。有一些是代銷人員的銷售話術，如果沒有載明到合約當中，那是不算數的。

有人會問：「那如果看屋的時候有錄音呢？」其實錄音的證據力很薄弱，所以最好是白紙黑字寫下來，這些都跟日後驗屋、交屋都有很大的關聯。

議價時候的話術

當你覺得建案不錯，想要簽約的時候，這時候代銷人員的話術就會特別多。像是：「我們賣得很便宜啦！」、「老闆都是賠錢賣啊！」這些話術幾乎都是千篇一律。其實重點都是：「你們別再殺價了！」但是，不管是投資或者是自己住，一定要記住：對敵人仁慈就是對自己殘忍，你要想想看，一坪如果省1萬，40坪就省40萬，那是多少人工作一年的薪水啊！

我們賣得很便宜了！

不管碰到什麼樣的代銷人員，一定會告訴你他們賣的房子很便宜。我想除了豪宅以外，應該沒有代銷人員會說：「我很貴，所以快點買吧！」

但如果你有事先做功課，就應該知道這附近的價格區間大概是多少，所以如果對方開價太誇張，你可以直接告訴他，你認為這邊一坪的價格是多少，然後觀察對方的回應。如果對方態度軟化，那麼就有議價的空間；不然寧可拍拍屁股走人。

🏠這已經是底價了！

這也是在議價的時候，最常出現的話術。但真的已經殺到底價了嗎？其實我們可以從對方回應的態度窺知一二。如果對方還有空間，就不會態度堅決；如果對方態度強硬，那代表到了他的底線。

有一次我到一個建案看房，在議價的時候，因為我大概知道底價空間，所以我就出價在那附近，沒想到對方只有開玩笑的說：「唉呦！這已經是底價了，很優惠的價格了。」

於是我就在試探一下，把價格再往下降了一成，對方這時候語氣大變，斬釘截鐵的告訴我：「這個價格我沒有辦法賣你。」

看到對方的態度，我知道最後出的價格，已經殺到他的骨頭了，所以態度變得比較強硬，這樣一來，就可以大概知道對方的底價在哪。

🏠這是最優惠的價格！只有你才有！

這句話應該不只是在代銷公司，在任何地方都會聽到類似的話術吧！其他類似的話術是：「跟你真的很有緣分，交個朋友，一口價32萬，只有你才有的優惠。」

這你會相信嗎？我當然是不相信。所以當我碰到這樣的話術時，我就會問：「真的嗎？那我可以看看其他的成交單嗎？」

如果對方可以提供，那就代表他真的是用便宜的價格賣給你；如

果他支支吾吾、東拉西扯，就代表其他人還有買得比你更便宜，那就不需要客氣，再給他勇敢的殺下去！

殺價祕訣：我考慮看看！

對於消費者而言，如果面臨代銷人員強力的推銷，你可以怎麼應付呢？最簡單的方法就是說：「我考慮看看。」

一般來說，業務對於不想買、有問題的客戶，都會有一定的話術來應對，但唯一束手無策是這句話：「我考慮看看。」

因為當你說出考慮看看，就好像是要買，但又好像沒有要買，如果客戶要逼你，你當然就直接離開，所以不管想不想買，當你說出：「我考慮看看時。」對方通常就不太會再度銷售你。

另外，代銷人員通常不會用電話追人，但如果代銷人員之後會打電話給你，詢問你：「你考慮得如何？」就代表他願意降價的機會較高，可能是景氣不好或建案本身賣的不好，所以代銷人員才會比較積極主動聯繫。

殺價祕訣：單筆議價、再殺總價

通常在議價階段的時候，除了之前教的議價方法之外，還可以用另外一種方法來議價。我們在案場的時候，通常代銷人員會說得天花亂墜，這時候你不能被他們牽著鼻子走，你一定要能夠掌握住談判的

原則：**單筆議價，再殺總價。**

　　舉例來說，我今天到了案場，對方告訴我目前一坪是30萬，總共是30坪，這時候我就先跟他談房屋的價格部分，假設我們談到每坪25萬以後；再繼續談車位的費用，原本一個車位是200萬，經過談判之後，確定一個車位是140萬，這時候車位加房屋的價格是890萬，這時候你還要跟建商再殺一次，看能不能再省30萬。

　　如果建商這時候認為只能再便宜10萬，那你可以繼續問：「那有送什麼家具嗎？」、「還是有其他附贈的電器嗎？」有時候建商剛好有專案可以贈送，雖然他不願意降價，但卻有其他的商品，也是一個省錢的方式，畢竟隨便一臺冰箱、一組家具、一臺冷氣，也都有好幾萬的價值呢！

5

顧好這些，簽約好放心

購買預售屋注意事項

原本政府對於預售屋的規範，並沒有這麼多，但因為有太多的房地產糾紛，都是跟預售屋有相當大的關係，所以政府開始對預售屋有了一些規定，而且羅列了11點要民眾購買前該注意的事情：

1.有否請領建造執照

2.定金之支付

3.瞭解房屋面積坪數及單價

4.注意房屋室內的格局

5.瞭解付款辦法及貸款額度

6.瞭解建材及設備

7.房屋買賣標的應標示清楚

8.防止拿不到土地產權

9.注意開工、完工、交屋日期

10.完工後之管理維護及保固期限

11.違約事項

有否請領建造執照

建商要蓋房子之前，一定要領有建造執照，才可以對民眾廣告或

銷售；而且也需要憑使用執照向建築管理機關申請開工。等到完工的時候，需要向建築單位申報完工，經過建築單位檢驗核可之後，才可以領取使用執照。等到使用執照通過之後，才能夠向自來水公司、臺電公司申請接通水、電。並據以辦理建築物保存登記（建物第1次登記），並申請建築改良物所有權狀。

訂金之支付

在現行的規定下，建商在銷售預售屋時，建商需要提供契約書給消費者，如果建商要求買方需要先付訂金才能看契約書，那就可以向行政院公平交易委員會檢舉該建商；另外，消費者有最少5天的契約審閱期，假使買方沒有提供契約審閱期，而是直接要求買方支付訂金的話，也可以向公平會檢舉。

瞭解房屋面積坪數及單價

一定要徹底了解建商是如何計算房屋坪數，通常包括室內（含夾層屋）、陽臺及公共設施面積，在購買房屋時應考慮夾層屋是否合法及公共設施、陽臺所占坪數的比例。這些都是非常重要的。有些建商在合約上只有列出私有面積及公共設施面積，卻沒有告訴你夾層屋是否合法。而所謂私有面積則包括室內、夾層屋、陽臺及該層電梯間、樓梯間及走廊等分擔面積在內，公共設施面積包括地下室及屋頂凸出

物之公共面積的分擔，所以事實上，私有面積並不等於自用面積，購屋者應該要注意，否則以為撿到便宜，但是扣除公用面積外，單價反而相當高。

注意房屋室內的格局

室內的隔間與平面配置會影響生活起居是否舒適與方便，房間的通風與採光是否良好，也都是購屋者應注意的地方。

瞭解付款辦法及貸款額度

許多建商為了促銷，常會以動人的廣告來吸引人們購屋，但是付款辦法是否合適，貸款額度多少，購屋者應充分瞭解。

瞭解建材及設備

許多建商銷售房屋時，常印有精美說明書，其中說明地坪、門窗、衛浴、廚房、水電等建材，購屋者應注意契約中是否有註明建材規格、廠牌、等級等事項，以防止賣方以劣質品充數，而在交屋時發生糾紛。

房屋買賣標的應標示清楚

買賣契約中應註明土地坐落地段、地號、建築基地面積與持分比

例或坪數，註明房屋是哪一棟哪一層哪一戶，若有購買停車位應註明車位規格，並影印賣方建造執照之配置圖、平面圖附於契約中，較為明確清楚。

防止拿不到土地產權

建商蓋房子，有時是自地自建，有時是和地主合建。如果建商是和地主合建，購屋者最好和地主簽立土地買賣契約及與建商簽立房屋買賣契約，以免日後建商和地主一旦發生合建糾紛時，拿不到土地產權，不可不慎。

注意開工、完工、交屋日期

購屋者最關心的是交屋日期，簽約時應詳細註明開工日期，以及完工期限與交屋日期，以保障自身的權益。

完工後之管理維護及保固期限

有些社區完工後建商會輔導成立住戶委員會，並按月繳納一定金額之管理費用，購屋者應事先瞭解並配合，以維持社區整潔。又建商對於房屋交屋後，是否有保固期限及範圍亦應了解，一般結構部分保固15年，固定建材及設備部分保固１年。

違約事項

　　購買預售屋，從簽約到實際交屋大概需要經過 1～3 年的時間，因此於簽定契約時，有關違約條款內容應詳加注意，以免日後發現房屋有瑕疵或重大問題時，如欲解約卻因違約條款，反而造成巨大損失。

契約有那些？該怎麼看？

　　預售屋的契約可以分成「土地合約書」跟「建物合約書」。土地合約書通常是記載土地座落位置、地號以及坪數，通常會用持分或多少平方米來表示。房屋合約書則是記載建物的坪數、車位位置、樓層、建築執照以及房屋格局等。

土地合約書

　　在土地合約書上需要注意的，主要是看你的持分或面積大小時是否合理，也可以去當地公所申請地籍圖，看一下地號是不是正確。很久以前曾有建商告訴你基地在Ａ處，結果完工卻在Ｂ處，所以一定要清楚土地的持分有多少，以及基地所在的確切位置。

建物合約書

　　建物合約書則是載明了關於建物的相關事項，包括樓層、格局、建材等，都必須要明確的記載在合約書當中。這時候我們應該要注意的是建商寫的合約書當中，有沒有記載到銷售人員所提到的部分。舉例來說，如果銷售人員說水泥是4000磅的，那它記載在合約書的哪邊？衛浴設備用的是哪一家？是寫在合約書的哪一條？這些都是消費

者要注意的重點。

　　另外，如果建商標榜是採用好的家具、好的衛浴設備、好的電器用品等，所以要反應在房價上，這時候在建物合約書上，就要一個個找出來，看建商是否有詳細羅列出來，如果沒有的話，那就要請建商列上去，不然等到交屋的時候，看到次級品時，要求償都沒有辦法。

　　如果建商口頭答應的事情，卻不願意寫在合約書上時，你可能要小心一點，這建商可能有點問題，不要輕易的出手。另外，如果建案當中有公共設施，也要仔細看合約上的公設內容、公設比例，並且要詳細的載明在合約書上，日後有任何問題，建商才不會推卸責任。

契約需要注意的事項

　　對於剛開始購買預售屋的投資者而言，最害怕的就是契約當中載明不實，導致自己蒙受損失，不過投資者真的不需要這麼擔心，在內政部的不動產資訊平臺中，就有預售屋相關事項可供參考（附錄P.233），讀者可以透過這些確認單，逐一比對注意事項。

　　除了確認清單之外，在該平臺上，也有內政部所訂立的定型化契約（附錄P.212），這份契約可以當作是你的範本，如果建商有遺漏的條款，都可以跟建商要求增加，保障自己的權益。

　　在契約當中，我認為有幾個比較需要注意的事情：

　　①預售屋履約保證的類型。

②付款方式。

③不得記載事項。

預售屋履約保證

在定型化契約第六條之一中有提到履約保證機制，規定預售屋應辦理履約保證，履約保證依下列方式擇一處理：

- 內政部同意之履約保證方式：不動產開發信託
- 其他替代性履約保證方式
- 價金返還之保證
- 價金信託
- 同業連帶擔保
- 公會連帶保證

也就是說，建商必須要確認是透過哪種方式進行履約保證，如果沒有預售屋履約保證，你是可以不簽約。

付款方式

在買賣契約當中，最重要的其實不單是建材部分，而是你如何給付款項。通常建商都會有規定在哪些階段的時候，必須要給付一定的款項。那如果再買賣雙方都沒有確定的時候，依照定型化契約的第七條的**付款條件**：

付款，除簽約款及開工款外，應依已完成之工程進度所定付款明細表之規定於工程完工後繳款，其每次付款間隔日數應在二十日以上。

如賣方未依工程進度定付款條件者，買方得於工程全部完工時一次支付之。

不得記載事項

在合約書當中，有一些建商會偷雞摸狗，玩弄文字遊戲，但有一些事情建商是不能隨便，譬如說企業當中有些事情不能記載：

一、不得記載說明書內容僅供參考。

二、不得記載繳回不動產說明書。

三、不得使用實際所有權面積以外之「受益面積」、「銷售面積」、「使用面積」等類似名詞。

四、預售屋出售標的，不得記載未經依法領有建造執照之夾層設計或夾層空間面積。

五、不得記載以不動產委託銷售標的現況說明書、不動產委託承購標的現況說明書、要約書標的現況說明書或建物現況確認書，替代不動產說明書之內容。

六、不得記載房價有上漲空間或預測房價上漲之情形。

日前有一則新聞是：「新北市陳姓男子三年前砸1千多萬元，向

建商『永富開發』購買南勢角捷運共購宅『南方之星』，交屋後發現土地持分面積比合約少0.078坪，提告索賠，建商竟以合約提及房屋面積是『約』幾坪而非『共』幾坪拒賠，但臺北地院認定坪數確實短少，日前判建商須賠9.9萬餘元價差。」

在這一則新聞當中，建商在契約當中就動了手腳，那就是將「共」改成「約」，但沒想到這樣還是逃不過。事實上，如果房屋坪數有問題，那就需要找建商找賠償。

預售屋履約保證

　　過去預售屋最被詬病的，就是房子蓋到一半，建商落跑了！結果消費者損失慘重。為了保障消費者的權益，也讓預售屋市場可以更加健全，所以內政部推動預售屋履約保證，讓消費者購買預售屋的時候，不再沒有保障。

　　「預售屋履約保證機制」民國99年8月16日公告，於民國100年5月1日實施，並納入預售屋定型化契約範本。

　　預售屋履約保證機制總共有五種，其中只有一種是內政部同意的方式，叫作不動產開發信託方式。其他四種都是替代性合約，分別是：「價金返還」、「價金信託」、「同業連帶擔保」、「公會連帶保證」等四種替代性履約。

不動產開發信託

　　由建商或起造人將建案土地及興建資金信託給某個金融機構，或政府許可的信託業者執行履約管理，工程費用由受託機構依照工程進度實支實付，專款專用。建商和消費者簽訂預售屋買賣契約時，賣方應提供不動產開發信託的證明文件或影本給買方。萬一建商真的落跑，那麼將會由這個信託基金繼續找其他建商負責蓋到好。也就是

說，保證讓你有房！這個履約保證的效力是內政核可最佳的履約方式。

價金返還之保證

這是由建商與金融機構簽定保證契約，建商若未能如期交屋，將由金融機構返還消費者已繳納的價金。也就是說，保證你繳的錢拿得回來！

價金信託

由建商將消費者支付的預售屋價金（簽約金），交由金融機構信託，受託機構在信託存續期間，按信託契約約定辦理工程款交付、繳納各項稅費等資金控管。也就是說，價金信託是依照工程的進行，一筆筆從銀行中請領出來。如果建商倒了以後，金融機構就會決算帳戶內的金額，如果剩下的錢是總價3％，那你就只能拿回這3％的錢。

價金信託跟價金返還感覺很像，但其實這兩這是有差異的。價金返還，是保證你可以拿全部的錢；但是價金信託就要看運氣，如果你的房子是快要蓋好，價金信託能拿回來的金額相當有限，所以價金信託要比價金返還還要差。

同業連帶擔保

內政部地政司明確規定「同業連帶擔保」的分級及擔保方式，分級制度依照設立年資、資本額及營業額區分為甲、乙、丙三級。由兩個同等級的建商同業相互連帶擔保，若其中一家建商的預售屋建案無法完成交屋，另外一家建商應無條件完成該建案後交屋。

所謂「同業公司」指經濟部之公司登記之營業項目列有「H701010住宅及大樓開發租售業」者。但通常這樣的連帶擔保，常見於母公司替子公司擔保，這時候母公司會想盡任何辦法拖延。

所謂「分級依據」指同業公司之市占率，以設立年資、資本額及營業額區分為以下三級：

丙級：設立滿三年，資本額新臺幣二億元以下，營業總額新臺幣二億元以下。

乙級：設立三年以上，資本額逾新臺幣二億元，未達二十億元；營業總額逾新臺幣二億元，未達二十億元。

甲級：設立六年以上，資本額新臺幣二十億元以上，營業總額新臺幣二十億元以上。

公會連帶保證

由公會主導，數家建商互相成立協定，若參加協定的建商，發生預售屋建案無法完成交屋，其中任何一家建商均應無條件完成該建案

後交屋。預售屋履約保證機制實施後，若業者不遵守，內政部將經依法調查，若認定確有損害消費者財產之虞者，將處新臺幣6萬元到150萬元罰鍰，並再限期改善。

提供擔保之同業公司資格條件：

①被擔保及提供擔保之業者，必須為該直轄市或縣（市）不動產開發商業同業公會會員。

②提供擔保者，最近五年內不得有退票及欠稅紀錄。

③提供擔保者，僅得擔保一個建案至取得使用執照後，始得再擔保其他建案。

④被擔保業者推出之個案總樓地板面積於二萬平方公尺以下時，應由丙級以上之不動產投資業擔任其預售屋履約保證之同業連帶擔保公司。

⑤被擔保者推出之個案總樓地板面積逾二萬平方公尺，未達二十萬平方公尺時，由乙級以上之不動產投資業擔任其預售屋履約保證之同業連帶擔保公司。

⑥被擔保者推出之個案總樓地板面積二十萬平方公尺以上時，由甲級不動產投資業擔任其預售屋履約保證之同業連帶擔保公司。

哪一種履約保證最安全？

對於消費者來說，這些履約保證看似可以保護消費者，但其實不然。對於消費者最有保障的是「不動產開發信託方式」、跟「價金返還」，如果用最簡單的方式來說明，「不動產開發信託方式」就是給買家跟原來一樣的新房子，而「價金返還」則是將你所繳納的頭期款拿回來，你沒有任何的損失。如果建商願意提供這兩種保證的話，那這個建案幾乎可以說是沒有任何問題。

至於「價金信託」的部分，只能確定你的錢不會被任意挪用。至於其他兩種方式：「同業連帶擔保」、「公會連帶保證」，這兩種履約保證都是最不建議的履約保證，通常都必須要透過官司才能夠有機會讓對方履行合約。因為通常沒有建商會想要無條件蓋完別人的建案，所以如果真的一旦發生倒閉情事，那就得進入冗長的法律程序。

6

監工，要有效率

不到場監工法

對於賣家而言，購買預售屋最大的好處，就是可以去現場監工，知道預售屋的進度如何。但是要如何監工、怎樣監工，才能夠獲得最大的好處呢？

雖然我也開過建設公司，但畢竟不可能二十四小時盯著工程、每天往工地跑；而且我的專長在分析投資物件的良莠，而不是去現場監工。但是基於投資者的專業，對於購買預售屋品質有一定的要求，因此我有一套訣竅，那就是：找人去現場拍照。

還記得第一次購買整批預售屋的時候，當時候請了一個專門幫我到工地拍照的人，我主要是希望他能幫我拍一下梁、柱等結構體的部分，其他的就東拍拍、西拍拍。但這位仁兄很盡責，三天兩頭就到工地去，那邊的工人都知道有人在拍照，雖然工人不知道在拍什麼，但工人可是看得到有人在拍照，無形當中就有監工的感覺。當然，這些工人在施工上也會比較謹慎、不太敢偷工減料。誰知道你拍的是風景，還是他偷工減料的證據呢？

那到現場去監工的時候，需要準備什麼樣的東西呢？

第一、要有買賣合約書。想要進入工地監工，一定要記得帶買賣合約書，不然工地主任是可以不讓你進去的。因為如果一個工地讓閒

雜人等大搖大擺的在裡面亂晃，那豈不是亂了套？

　　第二、注意穿著。最好穿輕便的長袖、長褲，不要穿拖鞋、涼鞋跟高跟鞋，鞋底越厚越好。有些案子在中南部，施工品質的管理遠低於北部，我也曾踩到地上板模釘子，結果鞋子直接被穿洞的經驗。所以我要呼籲投資者，如果在工地受傷，千萬別懷疑，馬上去診所打破傷風，不能小看這些事情的危險性。最後，進入工地時一定要帶上安全帽，這是對自己最基本的保護措施。

　　第三、不要帶太多東西，最好是一個簡單的包包、一臺相機。監工不是去拍風景，不需要動用高級攝影器材，記得主要目的是把照片拍回來。

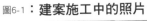
圖6-1：**建案施工中的照片**

圖6-2：**建案施工中的照片**

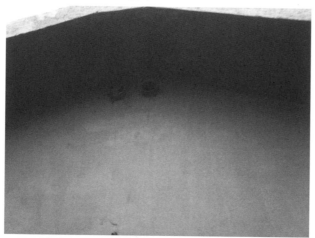

圖6-3：**建案施工中的照片**

在監工的時候，記得不要對工人不禮貌，畢竟你的房子蓋好還需要他們的協助。等到相片拍回來之後，如果覺得有任何問題，可以找專業的建築師或設計師進行進一步的了解。

一般來說，工地品質管理越好的建案，之後發生問題的機率也越小。任何事情都是由小見大、見微知著，一葉而知秋。試想，光是工地能看到的地方亂七八糟，那看不到的地方是能有多嚴謹？

除此之外，地板的平整，樓梯的角度、整齊度，尤其是不常被注意到的一、二樓，或公設使用的樓梯，都可以看出施工品質。一樣是花錢蓋房子，有些建商卻可以把房屋的樓梯蓋得歪歪斜斜，這樣的施工品質都要扣分才對。

驗收祕訣，收起來！

🏠交屋前有突發狀況怎麼辦？

等到房屋完工之後，就會進到交屋的程序上，通常在完工交屋之前，會有幾種狀況：

1.建商施工進度較快，提前完工：

頭期款短缺

如果這時候你的頭期款還沒存到，你可以要求建商依照原訂完工時間才交屋。

貸款成數不足

如果你的頭期款存到了，在辦貸款的時候發現沒辦法貸款那麼多，這時候可以跟建商說要「配合外貸」，去尋求能夠配合足額貸款成數的銀行。進行外貸的時候，可以同時跟很多家銀行申請貸款，但是一定要請銀行「不要先送聯徵」，因為一旦先送聯徵，聯徵中心就會認為你要準備貸款了，如果沒有放貸，聯徵中心也會有紀錄，頻繁的聯徵會讓銀行認為你想借很多錢，或是信用不好無法貸款，讓你的信用分數打折扣。

2.建商施工較慢，延後完工：

那就請建商加快腳步，並且協商出可能的完工日期，若時間超過契約內容一定時限，也可以要求建商賠償。

3.建商如期完工，但你的頭期款尚未籌到。

這時候建商會通知你，告訴你建案已經完工，準備繳交尾款。如果頭期款還沒有籌到，你可以知會建商一下，請他寬延數日，一般來說建商都會接受。

如何自己驗收？

在驗收的時候，通常是建商跟買家最劍拔弩張的時候，因為建商想要快點交屋，取得貸款。而買家則是用放大鏡檢視一切，非得要建商做到最好。但有時候我們真的要摸摸自己的良心，你花多少錢買房子？如果今天你買的是豪宅、知名建商「貴森森」的好宅，那當然就要仔細的要求建商。但如果你一坪才買20萬，卻要建商拿出一坪14、15萬的建材品質，這不是太強人所難了嗎？建材用到那麼高的成本，難道土地取得是天上掉下來的？正所謂：「一分錢、一分貨。」你不願意多出錢，卻要建商倒貼幫你蓋房子，這合理嗎？當然不合理！

所以在驗收之前，一定要先知道自己買的價位，過度的要求是否合理等，當然，我們要買到沒有瑕疵的產品；但對於低價產品過分吹

毛求疵，我認為乾脆別買算了，何必為這種事傷和氣呢？畢竟天下沒有白吃的午餐，羊毛總是出在羊身上！

再來，我必須要告訴讀者這一個很重要的心態：**千萬不要仇視建商**。很多人在處理驗收的時候，其實是很刁鑽、不理智的狀況，甚至還覺得建商賺很大，怎麼東西隨便弄。但我要告訴讀者：千萬不要有這樣的想法。你應該要把建商當作是你的朋友，而你買了房子之後，就是要跟建商做朋友；等到驗屋的時候，仍要保持好關係，把驗屋結果當作是協調，一起來協調出個解決方法，而不是維持僵化的對立關係。

通常我的心態都是：「燈具有問題，請建商協調改善。」、「水管有問題，請建商協調改善。」如果是用這樣的心態，建商當然認為你的要求很合理，不是來找我碴的，在修繕部分也會更用心，這不就是雙贏嗎？

就實務來說，驗收有幾個大方向：

自己的房屋

門：包括大門、臥室門、廚房門、浴室門、陽臺門等是否順暢、鎖頭有沒有問題。

窗：所有的窗戶是否完整、開啟是否順暢。

內部空間：包括天花板、地板、牆面。

浴室：衛浴設備是否如契約上所也寫的？運作是否順暢？

廚房：設備是否同合約書？瓦斯管線是否通暢？

機電設備：全部開關是否正常？插座是否能正常運作？有電器類
商品是否正常運作等。

公共設施

陽臺：陽臺的牆面有沒有問題、裂痕等。

樓梯：樓梯的緊急照明設備是否正常運作、磁磚有沒有損壞。

車位：車位是否符合契約所載明的大小。

廚餘間：如果建案有廚餘間，那空氣是否流通？廚餘是如何處
理？

地下室：通風設備是否順利運作、是否有過熱的情形。

游泳池：游泳池能否正常運作、游泳池的磁磚是否平整。

交誼廳：動線是否順暢、有沒有應有而沒有的設備？

第6章　監工，要有效率

表6-1：**交屋完工後驗收確認表單**

驗收位置及項目		驗收重點	須改善部分
門	大門	□確認大門鑰匙開關是否順暢	
		□把手使用是否順手、牢固	
		□大門貓眼能不能可看清楚門外狀況	
		□門片及門框有無損傷之情形	
		□門開關有無雜音	
	臥室門	□門扇與門框是否閉合良好	
	廁所門	□門把或門鎖轉動是否順暢	
	廚房門	□檢查門扇時與地面間隙	
	陽台門	□門框有無污損、損壞	
窗	落地門窗	□閉合度	
	窗戶	□開啟是否順暢	
	沙窗	□玻璃有無刮傷	
牆面	天花板	□天花板油漆是否均勻、無龜裂、無脫落	
地板	牆	□目視及用手觸摸看油漆粉刷平整度	
	地板	□確認地磚是否有凸起、浮動	
		□地磚有沒有無龜裂	
		□地磚邊緣有無破裂	
浴室	洗臉盆	□止水塞拉桿功能是否正常、位置恰當	
		□蓄滿水至溢水口，看是否可以排出	
		□排水管附近是否有漏水	
		□有無刮傷	
	水龍頭	□檢查有無刮傷鏽蝕	
		□龍頭轉動是否順暢、出水量是否正常	
	浴缸	□確認出水、排水、止水設備是否正常	
	淋浴間	□有無刮傷	
		□蓮蓬頭使用是否正常	
	馬桶	□馬桶表面有無損傷瑕疵	
		□水量及排水、噪音是否正常	
		□沖完水馬桶周邊有沒有滲水？	
		□浮球是否正常運作	
	整體	□抽風設備是否運作	
		□是否會積水、排水是否正常	

180

廚房	櫥櫃	□檢查每一片門開關正常順暢及閉合度	
		□櫥櫃表面是否有損傷	
		□抽屜開關是否順暢、菜刀架是否牢靠	
		□吊櫃門開啟時是否會撞到其他物品	
	流理台	□檢查表面有無刮傷	
		□檢查蓄水水塞是否可緊密	
		□水龍頭溢水孔功能是否正常	
		□排水時是否順暢、水槽下方有無滲漏	
	瓦斯爐	□檢查瓦斯爐功能、爐火顏色是否正常	
		□瓦斯軟管接頭有無緊密固定	
	排油煙機	□檢查排油煙機功能是否正常、有無噪音	
		□油杯及網紙等配件有無短少	
機電消防設備	總開關	□開關箱門開關順暢及閉合時是否緊密	
		□箱內線路是否整齊	
		□每個迴路標示是否明確	
		□是否有漏電斷路器	
		□將所有迴路開至ON，檢查每一開關及燈具功能是否正常	
	開關	□開關面板有無損傷	
		□面板上的夜視功能是否正常	
		□每個開關、燈具操作是否正常	
	對講機	□檢查對講機的對講收訊功能	
		□與中控室、社區管理中心連線功能測試	
	插座	□插座面板是否平整、是否有破損破損	
		□有沒有電（可用小夜燈測試）	
	消防設備	□室內偵煙器、灑水頭功能是否正常	

製表：林又旻

管委會，愈快成立愈好

一般來說，準備要交屋的時候，就可以成立社區管理委員會，通常這時候會有一些熱心的人，願意挺身而出，來幫忙籌組這樣的社區管理委員會。

很多人都不知道，社區管理委員會可是非常有用的。當買家碰到一些狀況的時候，如果你單獨跟建商聯繫，有時候他們不見得願意理你，但如果是透過管委會，那又是不一樣的結果。所以儘快成立管委會，是非常重要的一件事情。

找專業的來！

剛剛所提到的驗收部分，主要是自己的房屋，還有附近的環境。但其實我還是建議：關於驗屋這件事情，還是要找專業的來！為什麼要專業的驗屋團隊？其實我們可以看到，剛剛的驗收單其實很表面，但是關於房屋內部的結構呢？房屋的海砂值、pH值等，你要怎麼知道呢？難不成你要去牆壁上舔舔看，看牆壁鹹不鹹嗎？其實很多專業的事情，一般人都不知道，所以我常說：「住戶能看的是十七、八，住戶看不到的七、八十。」

為了避免只是淪為表面的驗收結果，我通常都會建議購買預售

屋的人，一定要集合管委會的力量，聘用專業的團隊，讓專業的人來替我們工作。一般來說，專業的驗屋團隊費用大約是80～100萬，通常會在一個月內，做出完整的驗屋報告。透過專業的團隊確保居住安全，而這些費用可以跟建商協調後，再由所有住戶平均分攤，個人花筆小錢，卻有高品質檢查服務，這樣住起來不是更開心嗎？

我常常一買就是好幾戶，所以我都會告訴建商，我交屋的時候一定要找專業的驗屋團隊來檢查，而且最好是一次就到位，不要到時候再修修改改，這樣你們麻煩、我也麻煩，這時候施工的品質相對就比較好。

有一次，我買了一間豪宅，參加了豪宅的管委會成立大會，當時建商代表也在場。因為我比較晚到，剛好聽到一些住戶在批評建商、批評投資客，說不能讓投資客當管委會的委員，他們都會亂來。我聽完這些話之後，覺得很奇怪，這種處理事情的心態似乎不太對，所以我就走到前面拿起麥克風說道：「我跟大家自我介紹一下，我姓李、單名一個杰，我是做什麼呢？我就是投資客。」

聽完我這句話，全場都靜下來了。於是我接著說：「我自己買過800多間房子、看過600多個社區，我想我對於處理這方面的事情，應該相當有經驗。我必須要告訴你們一件事情，你們周邊的房價，不是你們在維持的，而是我們這些投資客在維持的。如果社區髒了、房價掉了，你們可能不在乎，但是我們很在乎。垃圾、腳踏車亂丟，你們可能不在乎，但是我們很在乎。燈沒亮、牆面不乾淨，你們可能不在

乎，但我們很在乎。」

　　我頓了一下繼續說：「我們投資客是第一線的房價守護者，這對我們來說是將本求利的事情。你們住戶可能不希望房價高，但我們投資客很希望。所以如果你們真的希望這個社區越來越好、越來越欣欣向榮、房價越來越好，那你們應該要支持投資客，而不是打擊投資客。其實這是一個很現實的問題，我知道人人都希望別人的房子往下跌，跌越多越好，卻沒有人希望自己房子的價格往下掉。很多人會認為投資客不愛惜房子，其實投資客比住戶還要愛惜房子，因為買來住的人，或許不擔心房價下跌，但是我們很在乎。」

　　話一說完，全場立刻拍手，還有人說要找我當主委，但因為我太忙而婉拒。但是我建議管委會，應該要找專門的團隊來驗屋，然後在合情、合理、合法的情況下，要求建商改善目前的情況。

　　如果你對於公設的使用上有任何問題，其實也可以透過管委會跟建商協調。有一次我買的建案，建商把停車場車道蓋得很奇怪，下坡的角度有點大，每次開車都感覺會磨到底盤。於是我就在管委會的時候提出來。我開玩笑的說：「我每次要下停車道的時候就好像在開懸崖一樣，很容易磨到底盤，如果我每年都要換底盤，是建商要幫我出錢嗎？」沒多久建商就把車道角度鋪平，之後就沒有發生刮傷底盤的事情。

🏠合約沒寫的，還是可以談

常有人會認為，是不是合約上沒寫的，就不能要求建商？

其實，還是可以的。

如果按照這樣的說法，合約上沒有說管道一定要通暢，所以浴室水管不通我不能要求建商改善？不對嘛！我必須要跟讀者強調，只要是合理的要求，建商一定會接受。我記得有一個建案，在交屋之前我剛好在浴室用水，結果發現到水竟然沒有往排水管流，而是形成一灘積水，當下我就要求建商幫我處理好。

事實上，建商會有一筆錢，大約是100萬～200萬之間，專門接受後續的要求。有另外一個建案是這樣，在社區當中有小孩遊戲間、有健身房，結果在驗收的時候，就發現到小孩遊戲間沒有安全設施，也沒有先買一些玩具，只有一間空盪盪的遊戲間；健身房只有幾個基本的設備，其他的都沒有，我就跟建商說，遊戲間要做安全措施、買一些遊樂器材，至於健身房的部分，買一些飛輪、跑步機等。這些沒有寫在合約上的需求，建商也是照辦，因為這是合不合理的問題。

另外一點，管委會很重要，可以扣留建商預先墊付的管委會經費，等到建商把所有的情況都改善之後，管委會才會把錢撥給建商。而且，如果你所住的地方有任何問題，只要是可以歸咎於建商的部分，只要在交屋後15年內，都可以要求建商修改。但什麼是可歸責於建商呢？也就是你的損失其實來自於建商的疏失。舉例來說，如果今

天在臺北發生像921一樣大的地震，導致你的房屋受損，這就是自然因素，不能歸咎於建商；但如果無風無雨也沒地震，結果你的房子突然裂了一道3公分的裂痕，那就有可能是建商的問題，可以要求建商賠償，或者是把牆面打掉重做，這些都是可以要求的。

發生糾紛，應該要如何處理？

當住戶跟建商之間有糾紛的時候，應該要怎麼處理才好呢？通常要看時間點。如果是還沒有交屋之前，建商為了要能快點拿到貸款，都會願意處理瑕疵或糾紛，等到建商拿到貸款的時候，可能就不會這麼積極。此外，預售屋定型化契約當中就有提到，消費者有權力要求扣留5％總價的頭期款不給，等到驗收完、交屋時再一併給予建商，這些都是買家保護自己的方法。

如果是已經交屋，但是管委會的基金尚未撥付給建商之前，如果發現到建案的公共空間有任何問題，都可以要求建商改善。如果管委會把這筆基金撥給建商之後，建商就不見得會鳥管委會。

如果是交屋之後，有發生任何關於房屋的問題，第一時間還是找建商處理，但如果建商遲遲不處理的話，可以找當地的消保官申訴，有消保官出面跟建商協調。如果消保官認為合約有問題，或者認為這是建商的問題，那麼消保官可以強制取消你跟建商訂定的合約，並可以向建商開罰。

除了找消保官之外，還有兩個方法。第一個方法就是找律師寫存證信函、對簿公堂，另外一個方法就是爆料給媒體。有時候第二個方法是滿好用的，特別是知名的大建商，因為這些大建商經營公司也數十年，如果這樣新聞被爆料出來，通常對於他們的信譽以及目前的推案都會受到影響，所以除非你是無理取鬧，要不然只要投資者掌握真實證據，告訴建商你要向媒體爆料，建商通常都會願意讓步。

　　但我必須要提醒讀者，「向媒體爆料」是在談判上所使用的技巧，這時候爆料的證據就像沒射出去的箭一樣，是最嚇人的，也是建商最願意妥協的時機。一定要趁這個時候把握機會談判，除非談判破裂了，才要走到一拍兩散、同歸於盡的結果。要不然別真的把事情鬧大；要是真鬧了大，建商會認為：反正名譽已經受到損傷，反而更不會妥協。而且事情鬧開，全臺灣都知道這個社區有問題，到時候房價大跌，真的倒楣的是誰呢？我想大家心裡一定明白！

7

預售屋買賣與成屋出租

預售屋買賣

　　常常會有人問我，怎樣買房才會賺錢？其實這一點都不難，只要懂得挑對房子、會議價、知道在什麼時機賣出，就有獲利的可能性。說起來，想要在房地產獲利並不難，但為什麼很多人做不到？因為沒有累積自己的眼光，挑到一間賺錢的房子。很多人會覺得投資房地產很難，是因為你沒有真正去接觸過房地產。我在臉書「富豪居」社團中有一篇文章：「月風的成功學：成功，就是十萬個易如反掌。」在文章中有一段話很重要：

　　「當個投資客，難嗎？有錢的話恐怕不難吧？」

　　但月風告訴你，如果你看房子的數量不夠，當個投資客也可能讓你傾家蕩產。

　　多看幾間房子，難嗎？聽起來好像不難，易如反掌吧？

　　但如果要你在一個月內，看完300間房子，還是易如反掌嗎？

　　如果未來有機會真的在我聚會或演講的場合遇到了，月風可以多跟你分享一些投資客倒閉的例子。任何生意，都不像你表面看到那樣的容易！

　　這段話最重要的精髓就是：想要在一件事情上成功，你到底做了多少準備？

如果你像我一樣，可以看過這麼多的房地產，你還能不厲害嗎？同樣的，如果你想要透過投資預售屋賺錢，你付出了多少努力？你看過了多少建案？你研究過多少地區？這些才是決定了你能不能成為專業投資客的硬道理。

🏠精準買房，轉手獲利

看過這麼多的中古屋、新成屋、預售屋建案，所以對房地產的物件很熟悉；我也當過房仲，知道買家的喜好，我也當過投資客，所以知道租客喜歡什麼樣的房子，經過總結以後，想要挑選到能夠投資的預售屋，有幾個祕訣：

祕訣一、總戶數不要太多或太少，最好是在50～100之間。因為戶數太多，如果有人在賣房子的時候，很容易造成排擠效應，造成房價下滑。如果戶數太少，那麼管理費很驚人。

祕訣二、同樣規格的情況下，少一點的坪數快脫手。如果同樣有兩間鄰近建案，一間的規格是三房35坪，一間是三房30坪，我會選擇三房30坪。怎麼說呢？如果房價都一樣，每坪是20萬，這樣兩間的總價是差100萬，但是扣掉公設，實際上才差個3坪，3坪換100萬，如果你是買家，你會選誰？通常是30坪的吧！

祕訣三、支撐房價的三要素：交通、商圈、工作機會。如果想要找到能夠支撐房價的地區，一定要找到這三個要素，只要能滿足其中

兩項，房價下跌的幅度有限。

祕訣四、你自己喜不喜歡這個建案。如果你自己都不喜歡，你要怎麼說服別人購買？

當你挑對物件的時候，你還要知道轉手的時機。對於臺北人來說，預售屋是他們習以為常的事情，所以景氣好的時候，買進之後隨時可以脫手獲利。但對於中部人來說，預售屋的脫手率就沒那麼高。如果是南部地區的話，通常在完工之後最容易賣出。

多頭市場vs空頭市場

在多頭市場的時候，只要挑選的物件對，幾乎買到就可以賺。但是如果是碰到空頭市場，預售屋也是一個非常有利的物件，因為預售屋並不是馬上要繳貸款，通常是兩、三年之後才需要交屋，這時候如果你買的時間點正確，通常可以在景氣最低迷的時候進場，過了兩三年要交屋了，景氣低谷差不多也過了，你可以等待好時機再將房子賣出。如果你真的需要交屋的時候，可以先完成交屋手續，然後把物件租出去，用收的租金來繳貸款。等到景氣反轉的時候，再賣出獲利了結。

如果我們就貸款來看，景氣好的時候，你的貸款條件嚴格、利率高、成數降低、自備款高得嚇人；但是空頭市場的時候，你的貸款條件寬鬆、利率低、成數高，不需要太多的自備款。在2008年的時候，一堆全額貸款的案件都出籠；但是2013、2014年的時候，政府狂打

房，降貸款成數、要徵收囤房稅，你說到底是空頭好還是多頭好？

　　我舉個例子來說好了，每一個人都希望買在低點，賣在高點。但是空頭市場一來，卻又不敢出手投資，那當然沒有機會賺到錢啊！2008、2009年的時候，股市、房市都很糟糕，這時候進場投資的人，後來都賺到大錢了！那時後有多少人不敢進場？超過9成的人不敢買股票、不敢買房子，所以敢的人就撿到一堆便宜貨，到了2013年獲利出場，獲利是翻了好幾倍。所以不管是多頭還是空頭，其實都不是重點，你的專業投資能力，才是獲利的保證。

　　很多人很害怕空頭市場來臨，但是我真的要告訴讀者，如果你是專業的投資人，你應該要知道，多頭賺的是小錢，空頭才是賺大錢的時機。多頭市場的時候，很容易買什麼賺什麼，是不太需要技術的。但是多頭市場人人搶，隨便一個菜籃族有幾個錢，也可以出來當投資客。這種時機，哪來的好案子賣你？你越是專業，在多頭市場越是吃鱉，因為那些散戶出價都比你高，你根本買不到幾件案子。

　　但是空頭市場就不一樣了！當空頭市場來臨的時候，需要的就是專業能力，因為散戶死光了，他們都嚇到尿褲子、不知道躲到哪去了！如果你有專業能力，在空頭市場狠狠大量吃貨，景氣反轉才能賺大錢，這道理無論是在操作股票，還是投資房地產都是一樣的道理，但其中最大的差別是：你要是買錯股票，景氣太差，公司可能會倒閉、下市；但你的房地產，永遠都還是房地產，它可以讓你住，也可以幫你收租，所以我說：「房地產是個很可愛的東西。」

預售屋要怎麼賣？

其實賣預售屋很簡單啊，真的不要想太多，你可以找房仲幫你賣，也可以把物件刊登在售屋網上，像是591、樂屋網等刊登房屋資訊的網站。但如果是參加富豪居看屋團的買家，因為買得很便宜，為了不打亂市場行情，我會要求盡量用相同或差異不大的價格，跟所有房屋仲介進行交易，讓價格維持在一定的水準。

會有這樣的想法，是因為我發現到有些看屋團的成員，因為買得太便宜，加上少數房仲業者一直用削價競爭的概念來說服，或是用車位坪數灌水的方式欺騙屋主，讓屋主以為自己買貴了，要趕快停損，導致有的成員價格亂開，影響其他人的權益，如此反而破壞原本的美意，如果買賣房子只為了賺個三、五萬，你去定存就好，這個市場不適合你。

什麼是車位灌水法？這是房屋仲介常用的騙術。舉例來說，屋主購買房子一坪30萬，總坪數30坪的房子，這樣房價是900萬；如果加上一個車位100萬、權狀坪數十坪，那麼房屋跟車位的總價是一千萬。

這時候，有一些無良的房屋仲介就會拿資料給屋主看，然後對屋主說：「你看！隔壁33坪才開990萬耶！你買1000萬還要想賣1050萬？別傻了！你根本買貴了！我跟你說，你最好開980萬，試試看有沒有機會賣掉吧！」其實房仲拿的案子如果扣掉車位，房屋的坪數應該是23坪。990萬扣除車位的100萬，等於房屋售價880萬，880萬除以

23坪，這樣一坪開價是38.26萬才對。

　　但，就是有些投資客會傻傻上這種當，連車位跟房屋坪數、車位價格跟房屋價格要分開計算的概念都不知道，就以為自己買貴了、行情跌了，要趕快停損，白白錯失賺錢的機會，還被無良房仲坑了一筆仲介費！這些投資客說不定還沾沾自喜，認為自己遇到好人了！

這樣出租最好

上一個章節有提到，如果碰到景氣不好，就可以交屋之後，把房子租出去，用房租繳貸款。有少部分的人很有趣，寧可把房子空在那邊繳貸款，卻不願意把房子租出去，好像把房子租出去之後，房子的價值就減少了。其實，就算你把房子空在那邊，房屋依然會折舊啊！當你把房子租出去之後，你可以收租金繳房貸，等到景氣回升，就算你把房子用原價脫手，你還賺到了這幾年當中的房租費用，如果以一個月2萬的租金來計算，一年就是24萬，三年也有72萬，有什麼投資工具可以讓你這樣穩穩的賺呢？

而且根據我的觀察，通常房子好賣的時候，物件要出租就很難；房子難賣的時候，物件要出租就很容易，所以景氣不好的時候，把房子租出去，可以讓你在等待景氣好轉的時候，有更多的籌碼。如果等到景氣好轉的時候，你甚至可以告訴買房子的人，目前這間房子已有租約，想要投資的人可以買入，直接就能收租金，這對於投資客來說，反而是一種好處。所以千萬不要抗拒把房屋租出去。

快速滿租的要訣

想要讓你的房子快速滿租，其實並不難。只要懂得依照下面的方

法來出租，保證可以讓你把房子都租出去。

一、準備家具，不要準備電器：

為什麼要準備家具、不要準備電器，因為當租客來到一間房子的時候，他最先看到的，絕對不會是電器，而是房屋的擺設，也就是家具部分，這是最基本的視覺感受。如果是電器，其實很多家庭都有了，而且也沒有視覺上的衝擊。

二、拿準備電器來當作附加價值：

如果房客說沒附電器要求降租金，你可以跟房客這樣說：「我補你電器，你不要砍我的租金。」這時候，電器就變成是談判籌碼，相信我，二手電器真的很便宜。

三、用低於市場行情出租：

如果出租的時候已經有家具、有電器的時候，想要快速滿租的方法就是：先低於市場行情出租。假設附近的房屋都是20000元的租金，這時候我可以出15000～16000元的租金。如果你是房客，你會不會心動？勢必會心動。等到房客入住之後，你可以一年加一點租金、每年增加1000～1500元，就算加到20000元，房客也不見得會搬走。第一、因為就算他租其他地方，也一樣是20000元；第二、你已經住習慣了，搬家很辛苦，特別是上班族，哪有那麼多時間搬來搬去？而且實際上又沒比較貴。

第三、搬家比不搬家更花錢。我如果是房客，不會想要花上幾萬

塊，搬到房租一樣的地方。

包租公這樣當！

保持房屋整潔

想要當好包租公，首先要知道如何整理房子，因為沒有人喜歡看到髒髒亂亂的房子。不管是公共區域還是你的房子，都要盡可能保持乾淨，要讓人一眼就喜歡。

買組裝家具，別買系統家具

買組裝家具的好處有兩個，第一、便宜。第二、可移動。因為組裝家具便宜，所以就算是弄壞了，再換一個就好，了不起是幾千元；但如果是系統家具被破壞，你可能就欲哭無淚。再來，如果你把房賣了，這些家具可以換到其他房屋繼續使用，如果你有好幾間房屋在出租的話，還可以互相補來補去，省去許多費用。

不要過度裝潢

不管是租房子或是賣房子，都不需要過度裝潢，然後要租很貴或賣很貴。只要燈光足夠，能夠塑造出家庭的感覺，就是最好的裝潢。

定時養護

要懂得愛惜你所出租的房子，定時整理、養護。這樣對於租客或買家，都是大大的加分喔！

總而言之，多頭市場拚周轉率，小賺即可，重要的是量；而空頭市場是比眼光、比氣長，用租金換取空間，降低房屋持有成本。臺灣是一個淺碟型市場，永遠在差不多的位置上上下下；懂得在別人貪婪的時候恐懼，在別人恐懼的時候貪婪，下一個不敗的投資客神話 也許就是你！

結語　談投資，也談道德

很多人對於房地產投資客，都視為牛鬼蛇神，好像從事這個行業，就是對臺灣毫無貢獻，只是把房價炒高，讓痛苦指數攀升的元兇而已。

當然，我絕對承認，有不少不肖分子，確實是意圖這樣做。

為什麼我說是意圖呢？因為在真實世界，絕對不是三隻小豬與大野狼的故事一樣簡單。真實的世界當中，**沒有任何投資客，有能力炒高房價**，不管是臺灣或是全世界的投資客都一樣！

為何我敢這麼肯定的說呢？**因為價格是市場決定的啊！**

如果投資客一味的漲價，不斷開出天價，而附近大多數的屋主不認同，就算是幾十個、幾百個投資客，跟臺灣西部大城市數百萬的自有屋主相比，那根本是滄海一粟，哪能炒什麼房價？臺灣隨便一個市中心就有十幾萬戶房子，就算你其中一千間開高一倍的價格，沒人買有用嗎？

如果炒房像是某些「根本沒買過幾間房」的「房地產專家」口中說的這麼容易，只要裝潢改一改、燈光打一打，就能賺取暴利，那投資客結夥去買花蓮、臺東搶買屋，然後一坪開他個兩三百萬不就發了？那邊的購屋成本可低著呢！

但，實際上並非如此。

有看新聞的都知道，有些蠢笨的投資客，相信三流房仲的話術，跑去投資苗栗郊區。撇開被扒了好幾次皮的仲介費不講，還被套得亂七八糟，賠錢賣都賣不掉！這些人也是投資客啊！為什麼會發生套牢的事情呢？

不是有黑心ＸＸ都出書，指控投資客、建商隨便往上開高一倍，就可以牟取暴利嗎？那為何如東帝士、長谷、工礦、建臺等等大建商，他們政黨關係良好，銀行關係熟到不行的建商，到最後都是破產倒閉呢？房價不是只要炒就好了？買房賺錢不是很容易嗎？那他們怎麼會走上破產一途呢？

事實上，很多人都忘了市場上重要的一件事情。那就是：**市場是兩方心甘情願才能成交的啊**！那些嫌房子貴的人，難道買房子是別人拿刀、拿槍押著你買嗎？不是吧！

其實要房價跌，真的不難！如果全臺灣的人都不認同目前的房價，那房價不就跌了？不管是大財團、大建商、大投資客，只要全臺灣的人都不買，他們又能怎樣？還不是一樣要倒閉？

房價真正的問題，從來就不是出在投資客身上！

以月風經歷房仲主管、投資客的經驗告訴你，真正最黑心的、要賣最高的，絕對不是投資客！大多數的投資客，都是見好就收、有賺就跑。而真正最黑心、想賺最多的，反而是一般屋主，**也就是住在自己房子裡的那些人**！

說好聽點，他們對房子有感情。說難聽點，大多數人一輩子沒啥投資。房子，就已經是他們最大的資產，如果剛好有人看上了、喜歡了他們的房子，哪怕原本是小綿羊，這時候也要獅子大開口。

　　沒辦法，拗你一筆。畢竟這可是**一生一次啊**！不賣你貴一點，他怎麼有錢換更好的大房子呢？

　　所以，真正決定房價的不是建商、也不是投資客，而是我們華人自私的人性。中國人講究「有土斯有財」，沒有任何民族像我們華人那麼愛房地產。房地產的價值在臺灣社會，遠勝過珠寶、黃金。要嫁女兒，不一定要聘金、黃金，但總是希望女婿能有個房子。

　　這就是「文化差異」！

　　所以，一堆蛋頭學者拿什麼德國、法國的理論來套用臺灣，是非常不適宜的方式，因為文化差異不同，結果也不一樣。

　　其實，我認為真正的房地產投資，就是**買在便宜，賣在合理**。透過炒房賺取暴利，從來、也永遠不會是我們富豪居的選擇。

　　要說房地產投資客真正的社會的貢獻，我想，我們其實是資源回收的一員，跟路邊做垃圾分類的清潔人員無異；只是人家是拿瓶瓶罐罐、金銀銅鐵去回收，而我們是拿破爛的房子、或是土地，經過加工再利用。在加工再利用的過程當中，我們製造了從泥作、燒窯、磁磚、衛浴、油漆、木工、水電、窗簾、家具、電器等一連串的生態鏈，除了促進經濟循環，又增加了工作機會。最後，我們將一個低價破敗的物件改裝完畢，用絕不高於市價、甚至九折的價錢，在市場上

銷售。

　　其中，我們要承受看錯的風險，要承擔中間空置的利息，要承受巨大的心理與精神的壓力，還有家人、朋友在成功前的不諒解與不認同。這跟農夫在太陽下用汗水耕種，果農在颱風天用淚水採收是一樣的道理。唯一不同的是：我們除了要繳交超級不合理的45％所得稅之外，還要承擔炒高房價的罵名。我想，現在的小小成就與還算寬裕的生活，就是承受這一切的代價。

　　聖經上說：「凡流淚撒種的 必將歡笑收割。」堅持自己所想的道路，堅持自己所認定的道德。**做最有良心的事情，做最想要的自己。**我相信，成功就在你踏出第一步的時候，已經悄悄等著你。

共勉之

月 風

房地合一課徵所得稅制度簡表

項目			內容
課稅範圍 （含日出條款）			◎出售房屋、房屋及其坐落基地或依法得核發建造執照之土地。 ◎105年1月1日起交易下列房屋、土地者： • 105年1月1日以後取得 • 103年1月1日之次日以後取得，且持有期間在2年以內（繼承或受遺贈取得者，得將被繼承人或遺贈人持有期間合併計算）
課稅稅基			房地收入 — 成本 — 費用 — 依土地稅法計算之土地漲價總數額
課稅稅率	境內居住者		1.持有1年以內：45%、持有2年以內超過1年：35%、持有10年以內超過2年：20%、又持有超過10年：15% 2.因財政部公告之調職、非自願離職或其他非自願性因素，交易持有期間在2年以下之房屋、土地及個人以自有土地與營利事業合作興建房屋，自土地取得之日起算2年內完成並銷售該房屋、土地：20%
	非境內居住者		1.持有1年以內：45% 2.持有超過1年：35%
	境內居住者自住房地	減免	1.個人或其配偶、未成年子女設有戶籍；持有並實際居住連續滿6年且無供營業使用或出租 2.按前開課稅稅基（及課稅所得）計算在四百萬元以下免稅；超過四百萬元部分，按10%稅率課徵 3.6年內以1次為限
		重購退稅	• 換大屋：全額退稅（與限制同） • 換小屋：比例退稅 • 重購後5年內不得改作其他用途或再行移轉
	繼承或受糟贈取得者，得將被繼承人禍遺贈人持有期間合併計算		
	課稅方式		分離課稅，所有權完成移轉登記之次日起算30天內申報納稅
	稅收用途		課稅收入循預算程序用於住宅政策及長期照顧服務支出

內政部對於預售屋的規定確認單

預售屋

（一）建物

　　1.**坐落**：縣（市）、鄉（鎮、市、區）、段、小段、地號。

　　2.**建物型態與格局**

　　　（1）建物型態

　　　　　A.一般建物：單獨所有權無共有部分（包括：獨棟、連棟、雙併等。）

　　　　　B.區分所有建物：公寓（五樓含以下無電梯）、透天厝、店面（店鋪）、辦公商業大樓、住宅或複合型大樓（十一層含以上有電梯）、華廈（十層含以下有電梯）、套房（一房、一廳、一衛）等。

　　　　　C.其他特殊建物：如工廠、廠辦、農舍、倉庫等型態。

　　　（2）格局（包括：房間、廳、衛浴數，有無隔間）。

　　3.**主管建築機關核准之建照日期及字號（詳如建造執照暨核准圖說影本）。**

　　4.**出售面積及權利範圍**

（1）本戶建物總面積（如為區分所有建物，包含主建物、附屬建物及共有部分面積）。

（2）主建物面積占本戶建物得登記總面積之比率。

（3）停車空間若位於共有部分且無獨立權狀者，應敘明面積及權利範圍計算方式。

（4）停車空間占共有部分總面積之比率。

5.共有部分項目、總面積及其分配比率。

6.主要建材及廠牌、規格。

7.建物構造、高度及樓層規畫。

8.工程進度

（1）開工、取得使用執照期限。

（2）通知交屋期限。

（3）保固期限及範圍。

9.管理與使用之規畫：

公寓大廈應記載規約草約內容，無法記載者，應敘明原因。規約草約內容如下：

（1）專有部分之範圍。

（2）共用部分之範圍。

（3）有無約定專用部分、約定共用部分（如有，請註明其標示範圍及使用方式）。

（4）管理費或使用費之計算方式及其數額。

（5）起造人提撥公共基金之數額及其撥付方式。

（6）管理組織及其管理方式。

（7）停車位之管理使用方式。

10.建物瑕疵擔保：

交屋時有無檢附「施工中建築物新拌混凝土氯離子含量檢測報告單」及「施工中建築物出具無輻射污染證明」？若無，應敘明原因。

11.停車位產權型態及規格型式（如無停車位，則免填）：

（1）是否辦理單獨區分所有建物登記？

（2）權利種類：（如專有或共有）

（3）停車位性質：（包括：法定停車位、自行增設停車位、獎勵增設停車位）

（4）停車位之型式及位置（坡道平面、升降平面、坡道機械、升降機械、塔式車位、一樓平面或其他，長、寬、淨高為何？所在樓層為何？並應附位置圖。機械式停車位可承載之重量為何？）

（5）車位編號。

（二）基地

1.基地標示

（1）坐落之縣（市）、鄉（鎮、市、區）、段、小段、地號。

（2）基地總面積。

（3）基地權利種類（所有權、地上權、典權、使用權）

（4）基地出售面積、權利範圍及其計算方式。

（5）地籍圖。

2.**基地所有權人或他項權利人（登記簿有管理人時並應載明）。**

3.**基地權利種類及其登記狀態（詳如登記謄本）：**

（1）所有權（單獨或持分共有）。

（2）他項權利（包括：地上權、典權）。

（3）有無信託登記？若有，應敘明信託契約之主要條款內容
（依登記謄本及信託專簿記載）。

（4）基地權利有無設定負擔，若有，應敘明。

A.有無他項權利之設定情形（包括：地上權、不動產役
權、抵押權、典權）。

B.有無限制登記情形？（包括：預告登記、查封、假扣
押、假處分及其他禁止處分之登記。）。

C.其他事項（包括：依民事訴訟法第二百五十四條規定及
其他相關之註記等）。

4.**基地管理及使用情況：**

（1）有無共有人分管協議或依民法第八百二十六條之一規定為
使用管理或分割等約定之登記，若有，應敘明其內容。

（2）有無出租或出借予第三人，若有，應敘明出租或出借情
形。

（3）有無供公眾通行之私有道路或因鄰地為袋地而有之通行權，若有，應敘明其位置。

（4）有無界址糾紛情形，若有，應敘明與何人發生糾紛。

（5）基地對外道路是否可通行，若否，應敘明情形。

5.基地使用管制內容：

（1）使用分區或編定

A.都市土地，以主管機關核發之都市計畫土地使用分區證明為準。

B.非都市土地，以土地登記謄本記載為準。

C.若未記載者，應敘明其管制情形。

（2）本基地是否位屬工業區或不得作住宅使用之商業區或其他分區，若是，應敘明其建物使用之合法性。

（3）法定建蔽率。

（4）法定容積率。

（5）本基地有無辦理容積移轉，或有無開放空間設計或其他獎勵容積，若有，應敘明其內容及受限制之事項。

（6）是否位屬山坡地範圍，若是，應敘明。

（三）重要交易條件：

1.交易種類：買賣（互易）。

2.交易價金。

3.付款方式。

4.應納稅費項目、規費項目及負擔方式

　（1）稅費項目：契稅、房屋稅、印花稅等。

　（2）規費項目:工程受益費、登記規費、公證費等。

　（3）其他費用：所有權移轉代辦費用、水電、瓦斯、管理費及

　　　電話費等。

　（4）負擔方式：由買賣雙方另以契約約定。

5.賣方是否有附加之設備？若有，應敘明設備內容。

6.預售屋之飲用水、瓦斯及排水狀況。

7.履約保證機制方式，及其受託或提供擔保者。

8.有無解約、違約之處罰等，若有，應敘明。

9.其他交易事項：＿＿。

（四）其他重要事項

1.周邊環境，詳如都市計畫地形圖或相關電子地圖並於圖面標示
周邊半徑三百公尺範圍內之重要環境設施（包括：公（私）有
市場、超級市場、學校、警察局（分駐所、派出所）、行政機
關、體育場、醫院、飛機場、台電變電所用地、地面高壓電
塔（線）、寺廟、殯儀館、公墓、火化場、骨灰（骸）存放
設施、垃圾場（掩埋場、焚化場）、顯見之私人墳墓、加油
（氣）站、瓦斯行（場）、葬儀社）。

2.本基地毗鄰範圍，有無已取得建造執照尚未開工或施工中之建
案，若有，應敘明其建案地點、總樓地板面積（㎡）、地上

（下）層數、樓層高度（m）、建物用途資料。

3.最近五年內基地周邊半徑三百公尺範圍內有無申請水災淹水救助紀錄，若有，應敘明。

4.是否已辦理地籍圖重測，若否，主管機關是否已公告辦理？

貳、不得記載事項

一、不得記載本說明書內容僅供參考。

二、不得記載繳回不動產說明書。

三、不得使用實際所有權面積以外之「受益面積」、「銷售面積」、「使用面積」等類似名詞。

四、預售屋出售標的，不得記載未經依法領有建造執照之夾層設計或夾層空間面積。

五、不得記載以不動產委託銷售標的現況說明書、不動產委託承購標的現況說明書、要約書標的現況說明書或建物現況確認書，替代不動產說明書之內容。

六、不得記載房價有上漲空間或預測房價上漲之情形。

房屋買賣定型化契約

契約審閱權

契約於中華民國__年__月__日經買方攜

回審閱__日（契約審閱期間至少五日）

買方簽章：

賣方簽章：

預售屋買賣契約書範本

內　政　部　編

中華民國103年4月

立契約書人：買方＿＿＿＿＿賣方＿＿＿＿＿茲為「＿」房地買賣事宜，雙方同意訂定本買賣契約條款如下，以資共同遵守：

第一條　賣方對廣告之義務

賣方應確保廣告內容之真實，本預售屋之廣告宣傳品及其所記載之建材設備表、房屋及停車位平面圖與位置示意圖，為契約之一部分。

第二條　房地標示及停車位規格

一、土地坐落：

＿縣（市）＿鄉（鎮、市、區）＿段＿小段＿地號等＿筆土地，面積共計＿平方公尺（＿坪），使用分區為都市計畫內＿區（或非都市土地使用編定為＿區＿用地）。

二、房屋坐落：

同前述基地內「＿」編號第＿棟第＿樓第＿戶（共計＿戶），為主管建築機關核准＿年＿月＿日第＿號建造執照（建造執照暨核准之該戶房屋平面圖影本如附件）。

三、停車位性質、位置、型式、編號、規格：

（一）買方購買之停車位屬□法定停車位□自行增設停車空間□獎勵增設停車空間為□地上□地面□地下第＿層□平面式□機械式□其他＿，依建造執照圖說編號第＿號之停車空間計＿位，該停車位□有□無獨立權狀，編號第＿號車位＿個，其車位規格為長＿公尺，

寬__公尺，高__公尺。另含車道及其他必要空間，面積共計__平方公尺（__坪），如停車空間位於共有部分且無獨立權狀者，其面積應按車位(格)數量、型式種類、車位大小、位置、使用性質或其他與停車空間有關之因素，依第二目之比例計算之（計算方式如附表所示）。（建造執照核准之該層停車空間平面圖影本如附件）。

（二）前目停車空間如位於共有部分且無獨立權狀者，應列明停車空間面積占共有部分總面積之比例。

（三）買方購買之停車位屬自行增設或獎勵增設停車位者，雙方如有另訂該種停車位買賣契約書，其有關事宜悉依該契約約定為之。

第三條　房地出售面積及認定標準

一、土地面積：

買方購買「__」__戶，其土地持分面積__平方公尺（__坪），應有權利範圍為__，計算方式係以主建物面積__平方公尺（__坪）占區分所有全部主建物總面積__平方公尺（__坪）比例計算（註：如有停車位應敘明車位權利範圍或以其他明確計算方式列明），如因土地分割、合併或地籍圖重測，則依新地號、新面積辦理所有權登記。

二、房屋面積：

　　本房屋面積共計＿平方公尺（＿坪），包含：

　　（一）專有部分，面積計＿平方公尺(＿坪)。

　　　　　1、主建物面積計＿平方公尺（＿坪）。

　　　　　2、附屬建物面積，即陽臺＿＿平方公尺（＿坪）、雨
　　　　　　 遮＿平方公尺（＿坪）及屋簷＿平方公尺(＿坪)，
　　　　　　 合計＿平方公尺（＿坪）。

　　（二）共有部分，面積計＿平方公尺(＿坪)。

　　（三）主建物面積占本房屋得登記總面積之比例＿%。

三、前二款所列面積與地政機關登記面積有誤差時，買賣雙方應
　　依第五條規定互為找補。

第四條　共有部分項目、總面積及面積分配比例計算

一、共有部分除法定停車位另計外，係指□門廳、□走道、□樓
　　梯間、□電梯間、□電梯機房、□電氣室、□機械室、□管
　　理室、□受電室、□幫浦室、□配電室、□水箱、□蓄水
　　池、□儲藏室、□防空避難室（未兼作停車使用）、□屋頂
　　突出物、□健身房、□交誼室□管理維護使用空間及其他依
　　法令應列入共有部分之項目（＿）。本「＿」共有部分總面
　　積計＿平方公尺（＿坪）。

二、前款共有部分之權利範圍係依買受主建物面積與主建物總面
　　積之比例而為計算（註：或以其他明確之計算方式列明）。
　　本「＿」主建物總面積計＿平方公尺（＿坪）。

第五條　房地面積誤差及其價款找補

一、房屋面積以地政機關登記完竣之面積為準，部分原可依法登
　　記之面積，倘因簽約後法令改變，致無法辦理建物所有權第
　　一次登記時，其面積應依公寓大廈管理條例第五十六條第三
　　項之規定計算。

二、依第三條計算之土地面積、主建物或本房屋登記總面積如有
　　誤差，其不足部分賣方均應全部找補；其超過部分，買方只
　　找補百分之二為限(至多找補不超過百分之二)，且雙方同意
　　面積誤差之找補，分別以土地、主建物、附屬建物、共有部
　　分價款，除以各該面積所得之單價（應扣除車位價款及面
　　積），無息於交屋時結算。

三、前款之土地面積、主建物或本房屋登記總面積如有誤差超過
　　百分之三者，買方得解除契約。

第六條　契約總價

本契約總價款合計新臺幣__仟__佰__拾__萬__仟元整。

一、土地價款：新臺幣__仟__佰__拾__萬__仟元整。

二、房屋價款：新臺幣__仟__佰__拾__萬__仟元整。

　　（一）專有部分：新臺幣__仟__佰__拾__萬__仟元整。

　　　　　1、主建物部分：新臺幣__仟__佰__拾__萬__仟元
　　　　　　整。

　　　　　2、附屬建物陽臺部分：新臺幣__仟__佰__拾__萬__

　　　　仟元整（除陽臺外，其餘項目不得計入買賣價

　　　　格）。

　　（二）共有部分：新臺幣__仟__佰__拾__萬__仟元整。

三、車位價款：新臺幣__佰__拾__萬__仟元整。

第六條之一　履約保證機制

本預售屋應辦埋履約保證，履約保證依下列方式擇一處理：

☐內政部同意之履約保證方式：不動產開發信託

　　由建商或起造人將建案土地及興建資金信託予某金融機構或

　　經政府許可之信託業者執行履約管理。興建資金應依工程進

　　度專款專用。又簽定預售屋買賣契約時，賣方應提供上開信

　　託之證明文件或影本予買方。

☐其他替代性履約保證方式。

☐價金返還之保證

　　本預售屋由__(金融機構)負責承作價金返還保證。

　　價金返還之保證費用由賣方負擔。

　　賣方應提供第一項之保證契約影本予買方。

☐價金信託

　　本預售屋將價金交付信託，由__(金融機構)負責承作，設立專

　　款專用帳戶，並由受託機構於信託存續期間，按信託契約約

　　定辦理工程款交付、繳納各項稅費等資金控管事宜。

　　前項信託之受益人為賣方(即建方或合建雙方)而非買方，受託

人係受託為賣方而非買方管理信託財產,但賣方無法依約定完工或交屋者,受益權歸屬於買方。

賣方應提供第一項之信託契約影本予買方。賣方應提供第一項之信託契約影本予買方。

□同業連帶擔保

本預售屋已與○○公司(同業同級之公司,市占率由內政部另定之)等相互連帶擔保,持本買賣契約可向上列公司請求完成本建案後交屋。上列公司不得為任何異議,亦不得要求任何費用或補償。

賣方應提供連帶擔保之書面影本予買方。

□公會連帶保證

本預售屋已加入由全國或各縣市建築開發商同業公會辦理之連帶保證協定,持本買賣契約可向加入本協定之○○公司請求共同完成本建案後交屋。加入本協定之○○公司不得為任何異議,亦不得要求任何費用或補償。

賣方應提供加入前項同業聯合連帶保證協定之書面影本予買方。

第七條　付款條件

付款,除簽約款及開工款外,應依已完成之工程進度所定付款明細表之規定於工程完工後繳款,其每次付款間隔日數應在二十日以上。

如賣方未依工程進度定付款條件者，買方得於工程全部完工時一次支付之。

第八條　逾期付款之處理方式

買方如逾期達五日仍未繳清期款或已繳之票據無法兌現時，買方應加付按逾期期款部分每日萬分之二單利計算之遲延利息，於補繳期款時一併繳付賣方。

如逾期二個月或逾使用執照核發後一個月不繳期款或遲延利息，經賣方以存證信函或其他書面催繳，經送達七日內仍未繳者，雙方同意依違約之處罰規定處理。但前項情形賣方同意緩期支付者，不在此限。

第九條　地下層、屋頂及法定空地之使用方式及權屬

一、地下層停車位

　　本契約地下層共__層，總面積__平方公尺（__坪），扣除第四條所列地下層共有部分及依法令得為區分所有之標的者外，其餘面積__平方公尺（__坪），由賣方依法令以停車位應有部分（持分）設定專用使用權予本預售屋承購戶。

二、法定空地

　　本建物法定空地之所有權應登記為全體區分所有權人共有，並為區分所有權人共用。但部分區分所有權人不需使用該共有部分者，得予除外。

三、屋頂平臺及突出物

共有部分之屋頂凸出物及屋頂避難平台，不得為約定專用部分，除法令另有規定外，不得作為其他使用。

四、法定空地、露臺、非屬避難之屋頂平臺，如有約定專用部分，應於規約草約訂定之。

第十條　主要建材及其廠牌、規格

一、施工標準悉依核准之工程圖樣與說明書及本契約附件之建材設備表施工，除經買方同意、不得以同級品之名義變更建材設備或以附件所列舉品牌以外之產品替代，但賣方能證明有不可歸責於賣方之事由，致無法供應原建材設備，且所更換之建材設備之價值、效用及品質不低於原約定之建材設備或補償價金者，不在此限。

二、賣方保證建造本預售屋不含有損建築結構安全或有害人體安全健康之輻射鋼筋、石棉、未經處理之海砂等材料或其他類似物。

三、前款石棉之使用，不得違反主管機關所定之標準及許可之目的用途，但如有造成買方生命、身體及健康之損害者，仍應依法負責。

四、賣方如有違反前三款之情形，雙方同意依違約之處罰規定處理。

第十一條　開工及取得使用執照期限

一、本預售屋之建築工程應在民國__年__月__日之前開工，民國__年__月__日之前完成主建物、附屬建物及使用執照所定之必要設施，並取得使用執照。但有下列情事之一者，得順延其期間：

（一）因大災地變等不可抗力之事由，致賣方不能施工者，其停工期間。

（二）因政府法令變更或其他非可歸責於賣方之事由發生時，其影響期間。

二、賣方如逾前款期限未開工或未取得使用執照者，每逾一日應按已繳房地價款依萬分之五單利計算遲延利息予買方。若逾期三個月仍未開工或未取得使用執照，視同賣方違約，雙方同意依違約之處罰規定處理。

第十二條　建築設計變更之處理

一、買方申請變更設計之範圍以室內隔間及裝修為限，如需變更污水管線，以不影響下層樓為原則，其他有關建築主要結構、大樓立面外觀、管道間、消防設施、公共設施等不得要求變更。

二、買方若要求室內隔間或裝修變更時，應經賣方同意於賣方指定之相當期限內為之，並於賣方所提供之工程變更單上簽認為準，且此項變更之要求以一次為限。辦理變更時，買方需

親自簽認，並附詳圖配合本工程辦理之，且不得有違反建管
法令之規定，如須主管機關核准時，賣方應依規定申請之。

三、工程變更事項經雙方於工程變更單上簽認後，由賣方於簽認
日起__日內提出追加減帳，以書面通知買方簽認。工程變更
若為追加帳，買方應於追加減帳簽認日起十天內繳清工程追
加款始為有效，若未如期繳清追加款，視同買方無條件取消
工程變更要求，賣方得拒絕受理並按原設計施工。工程變更
若為減帳，則於交屋時一次結清。若賣方無故未予結清，買
方得於第十三條之交屋保留款予以扣除。雙方無法簽認時，
則依原圖施工。

第十三條　驗收

賣方依約完成本戶一切主建物、附屬建物之設備及領得使用執照
並接通自來水、電力、於有天然瓦斯地區，並應達成瓦斯配管之
可接通狀態及完成契約、廣告圖說所示之設施後，應通知買方進
行驗收手續。

雙方驗收時，賣方應提供驗收單，如發現房屋有瑕疵，應載明於
驗收單上，由賣方限期完成修繕；買方並有權於自備款部分保留
房地總價百分之五作為交屋保留款，於完成修繕並經雙方複驗合
格後支付。

第一項有關達成天然瓦斯配管之可接通狀態之約定，如契約有約
定，並於相關銷售文件上特別標明不予配設者，不適用之。

第十四條　房地所有權移轉登記期限

一、土地所有權移轉登記

　　土地所有權之移轉，除另有約定，依其約定者外，應於使用執照核發後四個月內備妥文件申辦有關稅費及權利移轉登記。其土地增值稅之負擔方式，依有關稅費負擔之約定辦理。

二、房屋所有權移轉登記

　　房屋所有權之移轉，應於使用執照核發後四個月內備妥文件申辦有關稅費及權利移轉登記。

三、賣方違反前二款之規定，致各項稅費增加或罰鍰（滯納金）時，賣方應全數負擔；如損及買方權益時，賣方應負損害賠償之責。

四、賣方應於買方履行下列義務時，辦理房地所有權移轉登記：

　　（一）依契約約定之付款辦法，除約定之交屋保留款外，應繳清房地移轉登記前應繳之款項及逾期加付之遲延利息。

　　（二）提出辦理所有權移轉登記及貸款有關文件，辦理各項貸款手續，繳清各項稅費，預立各項取款或委託撥付文件，並應開立受款人為賣方及票面上註明禁止背書轉讓，及記載擔保之債權金額及範圍之本票予賣方。

　　（三）本款第一目、第二目之費用如以票據支付，應在登記

以前全部兌現。

五、第一款、第二款之辦理事項，由賣方指定之地政士辦理之，
倘為配合各項手續需要，需由買方加蓋印章，出具證件或繳
納各項稅費時，買方應於接獲賣方或承辦地政士通知日起七
日內提供，如有逾期，每逾一日應按已繳房地價款依萬分之
二單利計算遲延利息予賣方，另如因買方之延誤或不協辦，
致各項稅費增加或罰鍰（滯納金）時，買方應全數負擔；如
損及賣方權益時，買方應負損害賠償之責。

第十五條　通知交屋期限

一、賣方應於領得使用執照六個月內，通知買方進行交屋。於交
屋時雙方應履行下列各目義務：

（一）賣方付清因延遲完工所應付之遲延利息於買方。

（二）賣方就契約約定之房屋瑕疵或未盡事宜，應於交屋前
完成修繕。

（三）買方繳清所有之應付未付款（含交屋保留款）及完成
一切交屋手續。

（四）賣方如未於領得使用執照六個月內通知買方進行交
屋，每逾一日應按已繳房地價款依萬分之五單利計算
遲延利息予買方。

二、賣方應於買方辦妥交屋手續後，將土地及建物所有權狀、房
屋保固服務紀錄卡、使用維護手冊、規約草約、使用執照

（若數戶同一張使用執照，則日後移交管理委員會）或使用執照影本及賣方代繳稅費之收據交付買方，並發給遷入證明書，俾憑換取鎖匙，本契約則無需返還。

三、買方應於收到交屋通知日起＿日內配合辦理交屋手續，賣方不負保管責任。但可歸責於賣方時，不在此限。

四、買方同意於通知之交屋日起三十日後，不論已否遷入，即應負本戶水電費、瓦斯基本費，另瓦斯裝錶費用及保證金亦由買方負擔。

第十六條　共有部分之點交

一、賣方應擔任本預售屋共有部分管理人，並於成立管理委員會或推選管理負責人後移交之。雙方同意自交屋日起，由買方按月繳付共有部分管理費。

二、賣方於完成管理委員會或推選管理負責人後七日內，應會同管理委員會或推選管理負責人現場針對水電、機械設施、消防設施及各類管線進行檢測，確認其功能正常無誤後，將共用部分、約定共用部分與其附屬設施設備；設施設備使用維護手冊及廠商資料、使用執照謄本、竣工圖說、水電、機械設施、消防及管線圖說等資料，移交之。上開檢測責任由賣方負責，檢測方式，由賣方及管理委員會或管理負責人，雙方協議為之，賣方並通知政府主管機關派員會同見證雙方已否移交。

第十七條　保固期限及範圍

一、本契約房屋自買方完成交屋日起,或如有可歸責於買方之原因時自賣方通知交屋日起,除賣方能證明可歸責於買方或不可抗力因素外,結構部分(如:梁柱、樓梯、擋土牆、雜項工作⋯⋯等)負責保固十五年,固定建材及設備部分(如:門窗、粉刷、地磚⋯⋯等)負責保固一年,賣方並應於交屋時出具房屋保固服務紀錄卡予買方作為憑證。

二、前款期限經過後,買方仍得依民法及其他法律主張權利。

第十八條　貸款約定

一、第六條契約總價內之部分價款新臺幣＿元整,由買方與賣方洽定之金融機構之貸款給付,由買賣雙方依約定辦妥一切貸款手續。惟買方可得較低利率或有利於買方之貸款條件時,買方有權變更貸款之金融機構,自行辦理貸款,除享有政府所舉辦之優惠貸款利率外,買方應於賣方通知辦理貸款日起二十日內辦妥對保手續,並由承貸金融機構同意將約定貸款金額撥付賣方。

二、前款由賣方洽定辦理之貸款金額少於預定貸款金額,其差額依下列各目處理:

（一）不可歸責於雙方時之處理方式如下:

1、差額在預定貸款金額百分之三十以內部分,賣方同意以原承諾貸款相同年限及條件由買方分期清

償。

2、差額超過原預定貸款金額百分之三十部分，賣方同意依原承諾貸款之利率，計算利息，縮短償還期限為__年（期間不得少於七年）由買方按月分期攤還。

3、差額超過原預定貸款金額百分之三十者，買賣雙方得選擇前述方式辦理或解除契約。

（二）可歸責於賣方時，差額部分，賣方應依原承諾貸款相同年限及條件由買方分期清償。如賣方不能補足不足額部分，買方有權解除契約。

（三）可歸責於買方時，買方應於接獲通知之日起__天(不得少於三十天)內一次給付其差額或經賣方同意分期給付其差額。

三、有關金融機構核撥貸款後之利息，由買方負擔。但於賣方通知之交屋日前之利息應由賣方返還買方。

第十九條　貸款撥付

買賣契約如訂有交屋保留款者，於所有權移轉登記完竣並由金融機構設定抵押權後，除有輻射鋼筋、未經處理之海砂或其他縱經修繕仍無法達到應有使用功能之重大瑕疵外，買方不得通知金融機構終止撥付前條貸款予賣方。

第二十條　房地轉讓條件

一、買方繳清已屆滿之各期應繳款項者，於本契約房地所有權移轉登記完成前，如欲將本契約轉讓他人時，必須事先以書面徵求賣方同意，賣方非有正當理由不得拒絕。

二、前款之轉讓，除配偶、直系血親間之轉讓免手續費外，賣方得向買方收取本契約房地總價款千分之＿＿（最高以千分之一為限）之手續費。

第二十一條　地價稅、房屋稅之分擔比例

一、地價稅以賣方通知書所載之交屋日為準，該日期前由賣方負擔，該日期後由買方負擔，其稅期已開始而尚未開徵者，則依前一年度地價稅單所載該宗基地課稅之基本稅額，按持分比例及年度日數比例分算賣方應負擔之稅額，由買方應給付賣方之買賣尾款中扣除，俟地價稅開徵時由買方自行繳納。

二、房屋稅以賣方通知書所載之交屋日為準，該日期前由賣方負擔，該日期後由買方負擔，並依法定稅率及年度月份比例分算稅額。

第二十二條　稅費負擔之約定

一、土地增值稅應於使用執照核發後申報，並以使用執照核發日之當年度公告現值計算增值稅，其逾三十日申報者，以提出申報日當期之公告現值計算增值稅，由賣方負擔，但買方未依第十四條規定備妥申辦文件，其增加之增值稅，由買方負

擔。

二、所有權移轉登記規費、印花稅、契稅、代辦手續費、貸款保險費及各項附加稅捐由買方負擔。但起造人為賣方時，建物所有權第一次登記規費及代辦手續費由賣方負擔。

三、公證費由買賣雙方各負擔二分之一。但另有約定者從其約定。

四、應由買方繳交之稅費，買方於辦理所有權移轉登記時，應將此等費用全額預繳，並於交屋時結清，多退少補。

第二十三條　賣方之瑕疵擔保責任

一、賣方保證產權清楚，絕無一物數賣、無權占有他人土地、承攬人依民法第五百十三條行使法定抵押權或設定他項權利等情事之一；如有上述情形，賣方應於本預售屋交屋日或其他約定之期日＿前負責排除、塗銷之。但本契約有利於買方者，從其約定。

二、有關本契約標的物之瑕疵擔保責任，悉依民法及其他有關法令規定辦理。

第二十四條　不可抗力因素之處理

如因天災、地變、政府法令變更或不可抗力之事由，致本契約房屋不能繼續興建時，雙方同意解約。解約時賣方應將所收價款按法定利息計算退還買方。

第二十五條　違約之處罰

一、賣方違反「主要建材及其廠牌、規格」、「開工及取得使用
　　執照期限」之規定者，買方得解除本契約。

二、賣方違反「賣方之瑕疵擔保責任」之規定者，即為賣方違
　　約，買方得依法解除契約。

三、買方依第一款或第二款解除契約時，賣方除應將買方已繳之
　　房地價款退還予買方，如有遲延利息應一併退還，並應同時
　　賠償房地總價款百分之＿（不得低於百分之十五）之違約
　　金。但該賠償之金額超過已繳價款者，則以已繳價款為限。

四、買方違反有關「付款條件及方式」之規定者，賣方得沒收依
　　房地總價款百分之＿（最高不得超過百分之十五）計算之金
　　額。但該沒收之金額超過已繳價款者，則以已繳價款為限，
　　買賣雙方並得解除本契約。

五、買賣雙方當事人除依前二款之請求外，不得另行請求其他損
　　害賠償。

第二十六條　疑義之處理

本契約各條款如有疑義時，應依消費者保護法第十一條第二項規
定，為有利於買方之解釋。

第二十七條　合意管轄法院

因本契約發生之消費訴訟，雙方同意以房地所在地之地方法院為
第一審管轄法院。

第二十八條　附件效力及契約分存

本契約自簽約日起生效，賣方應將契約正本交付予買方。

本契約之相關附件視為本契約之一部分。

第二十九條　未盡事宜之處置

本契約如有未盡事宜，依相關法令、習慣及平等互惠與誠實信用

原則公平解決之。

附件：

一、建造執照暨核准之房屋平面圖影本乙份。

二、停車空間平面圖影本乙份。

三、付款明細表乙份。

四、建材設備表乙份。

五、申請建造執照所附之規約草約。

立契約書人

買方（姓名或公司名稱）：

國民身分證統一編號：

戶籍地址：

通訊地址：

連絡電話：

賣方（姓名或公司名稱）：

法定代理人：

公司（或商號）統一編號：

公司（或商號）地址：

公司（或商號）電話：

不動產經紀業：

名稱：　（公司或商號）

公司（或商號）統一編號：

負責人：

國民身分證統一編號：

公司（或商號）地址：

公司（或商號）電話：

不動產經紀人：（簽章）

國民身分證統一編號：

電話：

地址：

中華民國　年　月　日

預售屋買賣契約書範本簽約注意事項

一、適用範圍

本契約書範本提供消費者、企業經營者及社會大眾買賣預售屋時參考使用。

前項預售屋,指領有建造執照尚未建造完成而以將來完成之建築物為交易標的之物。

二、契約審閱

關於契約審閱,按預售屋買賣契約屬消費者契約之一種,買賣雙方對於契約內容之主客觀認知頗有差異,是以建築投資業者所提供之定型化契約應給予消費者合理期間以瞭解契約條款之內容,此於消費者保護法第十一條之一已有明訂。另外,參照「行政院公平交易委員會對於預售屋銷售行為之規範說明」,賣方銷售預售屋時,有下列行為之一者,將有違反公平交易法第二十四條規定之虞:

(一)要求買方須給付定金始提供契約書。

(二)收受定金或簽約前,未提供買方至少五天契約審閱期間。

三、廣告效力

第一條廣告效力中之建材設備表、房屋平面圖與位置示意圖係指廣告宣傳品所記載者,至房屋平面圖及建材設備表則指賣方提供之定型化契約所附之附件。

四、土地使用分區部分

第二條房地標示第一款土地坐落部分，依法令規定，如屬都市計畫內住宅區者，係供住宅居住使用；如屬非都市土地編定為甲種建築用地者，係供農業區內建築使用；如屬非都市土地編定為乙種建築用地者，係供鄉村區內建築使用，如屬非都市土地編定為丙種建築用地者，係供森林區、山坡地保育區及風景區內建築使用；如屬非都市土地編定為丁種建築用地者，係供工廠及有關工業設施建築使用（即一般所稱之工業住宅）。

五、車位部位

第二條房地標示第三款車位部分，若勾選自行增設停車位或獎勵增設停車位者，宜另訂該種停車位買賣契約書，其有關事宜悉依該契約約定為之。本契約範本有關停車位部分，僅適用於法定停車位。

六、第四條共有部分項目、面積及面積分配比例計算

（一）共有部分之項目，乃屬例示性質，應依房屋買賣個案之實際情況於契約中列舉共有部分項目名稱。

（二）第二款共有部分面積之分配比例計算，法定停車位雖列入共有部分登記，但其權利範圍乃另行計算，至其他共有部分項目面積以主建物之比例而為計算，而另有購買法定停車位者，再行計入。

（三）參照行政院公平交易委員會對於預售屋銷售行為之規範說

明，賣方銷售預售屋時，有下列情形之一者，將有違反公平交易法第二十四條規定之虞：

1、賣方未於預售屋買賣契約書中揭露共有部分之項目。

2、賣方未於預售屋買賣契約書中，載明共有部分面積或比例分攤之計算方式。

3、各戶持分總表未足以顯示全區共有部分分攤之計算結果，或未列出各戶各項目之持分占總共有部分之比例，並未提供公眾閱覽、分送或自由取閱等方式。

七、交屋保留款之付款規定

本契約範本附件付款明細表所訂自備款之各期期款，賣方應依已完成之工程進度訂定之。房地總價之百分之五交屋保留款訂於最後一期（交屋時），但賣方未依已完成之工程進度定付款明細者，買方得於工程全部完工時一次支付之。

八、輻射鋼筋及未經處理海砂之檢驗

（一）第十條第二款有關本預售屋之材料不含輻射鋼筋部分，詳情請洽詢行政院原子能委員會。

（二）同款有關本預售屋之材料不含未經處理之海砂部分，消費者如有疑義，可攜帶600公克結構物之混凝土塊或50至100公克之砂樣逕送財團法人工業技術研究院工業材料研究所（新竹縣竹東鎮中興路4段195號77館）委託檢驗（檢驗費用由委託者負擔）或郵寄至該所工業服務

室登錄辦理（備妥委託單、樣品及費用），詳情請洽詢 (03)5916835。

九、有關擅自變更設計之責任

第十二條第二款之室內隔間或裝修變更，如有違建築法令或未經主管機關核准時，將有導致保固請求權喪失及損及鄰近房屋之損害賠償之虞。

十、房地所有權移轉登記期限

第十四條第一款土地所有權移轉登記，參照行政院公平交易委員會對於預售屋銷售行為之規範說明，賣方未於契約中明定土地移轉年度或日期，將有違反公平交易法第二十四條規定之虞。

十一、規約草約

第九條第四款、第十五條第二款之規約草約，經買方簽署同意後，於區分所有權人會議訂定規約前，視同規約。

十二、買方自行辦理貸款之規定

買方如欲自行辦理貸款，除於訂約時明示自行辦理外，並預立貸款撥款委託書予賣方，賣方則須配合買方貸款需要提供房地權狀或配合辦理貸款手續，賣方如因而增加之費用支出得向買方求償。

十三、優惠貸款之類別

第十九條第一款所稱政府所舉辦之優惠貸款係指國民住宅貸款、公教人員貸款及勞工貸款等。

十四、房地轉讓條件

關於第二十條房地轉讓條件，按預售屋賣方會同買方辦理房地轉售時，需說明契約內容及提供相關資料，俾辦理契約簽訂等其他相關事宜，其所需成本似得准收手續費。故本範本爰例示約定手續費為房地總價款最高千分之一，以供參考。

十五、違約金之約定

關於第二十五條違約金之約定，按違約金數額多寡之約定，視簽約時社會經濟及房地產景氣狀況而定，是以買賣雙方簽約時，就違約金數額之約定，仍應考量上開狀況磋商而定。

十六、消費爭議之申訴與調解

因本契約所發生之消費爭議，依消費者保護法第四十三條及第四十四條規定，買方得向賣方、消費者保護團體或消費者服務中心申訴；未獲妥適處理時，得向房地所在地之直轄市或縣（市）政府消費者保護官申訴；再未獲妥適處理時得向直轄市或縣（市）消費爭議調解委員會申請調解。

十七、消費者保護法對消費者權益之保障

本預售屋買賣契約所訂之條款，均不影響買方依消費者保護法規定之權利。

十八、經紀業及經紀人員之責任

預售屋買賣，若透過不動產經紀業務之公司（或商號）仲介或代銷居間服務者，應由該公司（或商號）指派經紀人員於本契約簽章及解說等事宜。

預售屋買賣契約書範本履約保證機制補充規定

中華民國99年12月29日內授中辦地字第0990725745號公告

中華民國102年9月13日內授中辦地字第1026651767號公告修正第2點第3款、第4款

一、預售屋買賣契約書範本（以下簡稱範本）第六條之一第一選項，內政部同意之履約保證方式為「不動產開發信託」，其內容係指由建商或起造人將建案土地及興建資金信託予某金融機構或經政府許可之信託業者執行履約管理。興建資金應依工程進度專款專用。又簽定預售屋買賣契約時，賣方應提供上開信託之證明文件或影本予買方。

二、範本第六條之一第二選項「其他替代性履約保證方式」之「同業連帶擔保」部分補充規定如下：

（一）所謂「同業公司」指經濟部之公司登記之營業項目列有「H701010住宅及大樓開發租售業」者。

（二）所謂「分級依據」指同業公司之市占率，以設立年資、資本額及營業額區分為以下三級：

丙級：設立滿三年，資本額新臺幣二億元以下，營業總額新臺幣二億元以下。

乙級：設立三年以上，資本額逾新臺幣二億元，未達二十億元；營業總額逾新臺幣二億元，未達二十億元。

甲級：設立六年以上，資本額新臺幣二十億元以上，

營業總額新臺幣二十億元以上。

營業總額以最近三年（整年度）「營業人銷售額與稅額申報書（401）」或會計師簽證財務報表銷售額為準，惟土地銷售金額不計入。

（三）提供擔保之同業公司資格條件

1、被擔保及提供擔保之業者，必須為該直轄市或縣（市）不動產開發商業同業公會會員。

2、提供擔保者，最近五年內不得有退票及欠稅紀錄。

3、提供擔保者，僅得擔保一個建案至取得使用執照後，始得再擔保其他建案。

4、被擔保業者推出之個案總樓地板面積於二萬平方公尺以下時，應由丙級以上之不動產投資業擔任其預售屋履約保證之同業連帶擔保公司。

5、被擔保者推出之個案總樓地板面積逾二萬平方公尺，未達二十萬平方公尺時，由乙級以上之不動產投資業擔任其預售屋履約保證之同業連帶擔保公司。

6、被擔保者推出之個案總樓地板面積二十萬平方公尺以上時，由甲級不動產投資業擔任其預售屋履約保證之同業連帶擔保公司。

（四）市占率及得提供連帶擔保資格，由不動產投資業者所屬之直轄市、縣（市）不動產開發商業同業公會審核。

我在房市賺一億2：預售屋實戰操作祕笈

作　　者／月風

出版經紀／廖翊君

封面設計／申朗設計

企畫選書人／張莉滎

總　編　輯／賈俊國

副總編輯／蘇士尹

行銷企畫／張莉滎、廖可筠

發　行　人／何飛鵬

出　　版／布克文化出版事業部
　　　　　台北市中山區民生東路二段141號8樓
　　　　　電話：（02）2500-7008　傳真：（02）2502-7676
　　　　　Email：sbooker.service@cite.com.tw

發　　行／英屬蓋曼群島商家庭傳媒股份有限公司城邦分公司
　　　　　台北市中山區民生東路二段141號2樓
　　　　　書虫客服務專線：（02）2500-7718；2500-7719
　　　　　24小時傳真專線：（02）2500-1990；2500-1991
　　　　　劃撥帳號：19863813；戶名：書虫股份有限公司
　　　　　讀者服務信箱：service@readingclub.com.tw

香港發行所／城邦（香港）出版集團有限公司
　　　　　香港灣仔駱克道193號東超商業中心1樓
　　　　　電話：+852-2508-6231　　傳真：+852-2578-9337
　　　　　Email：hkcite@biznetvigator.com

馬新發行所／城邦（馬新）出版集團 Cité（M）Sdn. Bhd.
　　　　　41, Jalan Radin Anum, Bandar Baru Sri Petaling,
　　　　　57000 Kuala Lumpur, Malaysia
　　　　　電話：+603- 9057-8822　　傳真：+603- 9057-6622
　　　　　Email：cite@cite.com.my

印　　刷／韋懋實業有限公司

初　　版／2016年（民105）02月

　　　　　2022年（民111）11月初版7刷

售　　價／300元

城邦讀書花園　**布克文化**
www.cite.com.tw　www.sbooker.com.tw